結果が出る仕事のムダ取り

確実に生産性が上がる実践法
リーンオペレーション

株式会社スタディスト
庄司 啓太郎
Keitaro Shoji

日経BP

結果が出る 仕事のムダ取り
確実に生産性が上がる実践法リーンオペレーション

第1章
生産性が上がらない企業の実態

第2章
企業のあるべき姿 リーンオペレーションとは？

第1章

生産性が上がらない企業の実態

1-1 変わる「技術」と、変わらない「課題」

・慢性的に人手が足りておらず、募集をかけてもなかなか集まらない
・せっかく採用できたとしても、十分に教育する体制も時間もない
・若手を少し厳しく指導するとすぐ辞めてしまう
・業務のルールやプロセスが定まっておらず、毎回混乱しながらその場しのぎになっている
・本部から矢継ぎ早に指示が出されており、現場が対応しきれていない
・現場ではいつも同じようなトラブルに振り回されているが、根本的な対策を打てないままにしている
・手書きの書類、口頭での伝達などのアナログな手段がまだ残っている
・現場が指示待ちになってしまい、自発的な改善アイデアがなかなか出てこない
・新しいことにチャレンジしたいが、時間的・人材的・経済的な余力がない
・そもそも課題に気がついておらず、何かを変える必要性を感じていない

このような状況に皆さんの職場でも思い当たるフシは少なからずあるのではないでしょうか。

筆者はＩＴ業界に関わっており、日々生み出される新しいテクノロジーやサービスについて見聞きする機会が多々あります。日本でｉＰｈｏｎｅが発売された２００８年７月から15年が経過しますが、そこから現在に至るまでに様々な「技術的革新」のトレンドワードが躍っています。ざっと次のようなものが思い起こされます。モバイル、クラウドコンピューティング、ビッグデータ、ＩｏＴ（Internet of Things）、ＲＰＡ（Robotic Process Automation）、Ｗｅｂ３、メタバース、ブロックチェーン、ＣｈａｔＧＰＴ――。

これらのトレンドを大局的に見ると、「あらゆるデータや情報の収集・処理・活用」がそれぞれ高度化する方向に進んでいることが分かります。

収集：データや情報を、いかに大量にリアルタイムで計測・収集し、一元的に

蓄積するか

処理：蓄積された情報を、いかに処理・演算・分析し、有意な示唆や結果を導き出すか

活用：処理された情報を、いかに手軽にストレスなくタイムリーに活用するか

ここ15年でスマートフォンは一人1台の保有が当たり前になり、大容量データを高速にやりとりできる有線・無線の通信インフラが世界中に整備され、演算速度も劇的に速くなり、一方でコストの低廉化も進みました。

様々な技術的革新が世に出され、スマートフォンの便利さを皆が享受し、リモートワークなどによって効率的に働ける環境が整うなどの利便性は高まっているものの、**企業が抱える課題の本質は15年前も今も大きくは変わっていない**と感じます。

技術革新が進めば、企業が抱えている課題は解決に向かうはずです。それにもかかわらず、課題の本質が変わっていないのはなぜでしょうか。

1-2 なぜ生産性が上がらないのか

筆者はこれまで20年以上の業務経験の大半を「生産性向上」に関する業務に従事してきました。業務改善のコンサルタントとして企業に常駐し、「改革プロジェクト」の推進や実行に携わり、「生産性向上」につながるクラウドサービスのベンチャー企業を創業した後は、多くの商談・面談を通じて、様々な企業の話を伺う機会を得てきました。

それぞれの企業は、業種・業界・規模も異なります。デスクワーク主体の企業もあれば、現場作業（フィールドワーク）が主体の企業もあります。そして多くの方がこう口にします。

「この業界は特殊で、他の業界とは商習慣もいろいろ違うんです」
「我が社は独特なルールがあるから」
「うちの部署の○○さんは本当に特別だから、誰にもまねできない」

生産性の向上を目指しながら、どこかでそれを実現できない理由を気にしている——。そんな印象を受けてきました。

一方、そうした企業が生産性を高めるために何も取り組んでいないかというと、全くそんなことはありません。むしろ、数々のチャレンジを重ねている企業が大半です。

どの企業も、生産性を向上したいと思っていますし、同じような課題感を訴えています。そして、あれこれと取り組んではいるものの、一方で自社固有の事情などを懸念するあまり、本質的な課題解決には至っていません。その結果、社会全体が15年前と同じような症状を訴える状況から抜け出せないでいます。

本書は、この状況を打破する一助となるべく**「生産性向上活動の全体像＝フレームワーク」**を伝えることを目的としています。このフレームワークを理解・活用すれば、次のようなことが可能になります。

・取り組むべきことの、全体像が分かる
・大まかな順序と、その中で検討すべきことが分かる
・自社でできていること／できていないことが分かる

一方、生産性向上のためのフレームワークを理解・共通認識としないまま、断片的・断続的なアクションをやみくもに繰り返し、思ったような結果や成果が得られていない企業が多いのではないでしょうか。

人は誰しもが「健康でありたい」と思っています。ちまたにはダイエットやトレーニングの方法論があふれかえっています。しかし、例えば「10秒でできる簡単筋トレ」をテレビで見たときに、どのくらいの人がその場で実践するでしょうか。さらに翌日も翌々日もそれを継続する人などほとんどいません。当然結果が出るはずはありません。

きちんと自分の体の状態を把握し、どうなりたいかの目標を立て、そのために

必要なトレーニングや食事を組み立て、毎日着実に実践する――。そんな人は少数派でしょう。

個人でもそうであるのに、企業・組織であればなおさらです。生産性向上活動の全体像の「フレームワーク」を知り、いまの自社の状況がどうなっていて、改善施策を何からどの順番でするのか、今はどこまでできているのか。その全体像を組織の共通認識としないことには、ムダがなく付加価値の高い「筋肉質な」企業をつくることなど、実現するはずはありません。

本書では、仕事のムダを取り、生産性を上げるためのフレームワークを具体的に示していきます。

1-3 一刻の猶予もない日本

本書の原稿を執筆している2023年7月、厚生労働省から発表された「人口動態統計」では、調査開始以降初めての事態として「全都道府県において２０２３年１月１日時点の人口が前年を下回った」ことが報告されました。出生率の高い沖縄県でさえも減少に転じており、人口減少に歯止めがかからなくなっています。

さらに、日本全体では前年から約80万人の人口減であることも発表されました。出生数約70万人に対して死亡数は約１５０万人で、純減数は80万人に上ります。この規模は、山梨県や佐賀県、あるいは堺市や浜松市、新潟市のそれぞれの人口に匹敵します。２０２２年からわずか１年で、それらの県や市の人口がこの日本から消失している事実にあらためて驚くしかありません。

「日本の将来推計人口」（国立社会保障・人口問題研究所：令和５年推計）では、日本の総人口は現在の約１億２０００万人から、２０７０年には８７００万人にまで30％近く減少し、約４割が65歳以上となる超高齢社会になることが予想されています。このまま人口減少による経済の縮小、国力の低下に手をこまぬいていてよいのでしょうか。子どもや孫の世代に希望ある日本をバトンタッチしていくためにも、少しでもムダを減らし、生産性の高い状態をつくることが、筆者を含めて本書の読者の皆さんに課せられた大きなテーマであると感じています。

第2章

企業のあるべき姿 リーンオペレーションとは？

2-1 オペレーションの健全性チェック

最初に企業の「オペレーションの健全性」を以下の6項目でチェックしてみましょう。定性的・感覚的な判定として、直感的に「できている」と思えば○、「できていない」例に近いと思えば×と判断してください。

さて、いくつ○となったでしょうか。

	チェック項目	できていない例
1	業務のプロセスや手順が定められ、継続的に改善されている	・プロセスが定まっておらず場当たり的 ・改善がされておらず、過去を踏襲
2	人材が定着・成長し、適材適所の配置ができている	・人材流出が止まらず、採用に追われている ・本人のMust/Will/Canに合わない配置
3	本部・現場が連携し、効率的に業務ができている	・本部と現場の連携ミスによる混乱が発生 ・非効率的な業務が残っている
4	現場の作業ミスや手戻り作業を未然に防止できている	・現場での作業ミスや手戻りが発生 ・対症療法ばかりで根本解決できていない
5	現場からの改善提案が集まっている	・現場の改善意識がなく、気づきが少ない ・気づきを集約するしくみがない
6	新たな付加価値創出のためのチャレンジができている	・新たなチャレンジをする機会や場がない ・新たなチャレンジするための余力がない

ほとんど全ての企業や職場において、表の「できていない例」に挙げた状況に多少なりとも心当たりがあるのではないでしょうか。これら6項目は、あらゆる企業が共通して求めている「普遍的なテーマ」だと言えます。「企業」と一口に言っても業種・業界・職種・規模など見かけ上の特徴は様々ですが、企業が抱える経営課題は似通っている部分が多いのも事実です。

2-2 企業のあるべき姿（＝リーンな状態）

6つの項目を見ていくと、それらは一つひとつが個別に独立したものではなく、互いに因果関係を持ち、連鎖し合った関係であると分かります。その因果関係は次ページの図のようになります。

①「業務プロセスや手順が定められ、継続的に改善されている」ことが起点となる。「業務」という直接目では見えにくいものを、プロセスや手順として定義し、組織内で共有することが最初の一歩となる。一度決めたプロセスや手順を継続的

業務改善と人材成長のサイクルが、継続的に回り続けている状態

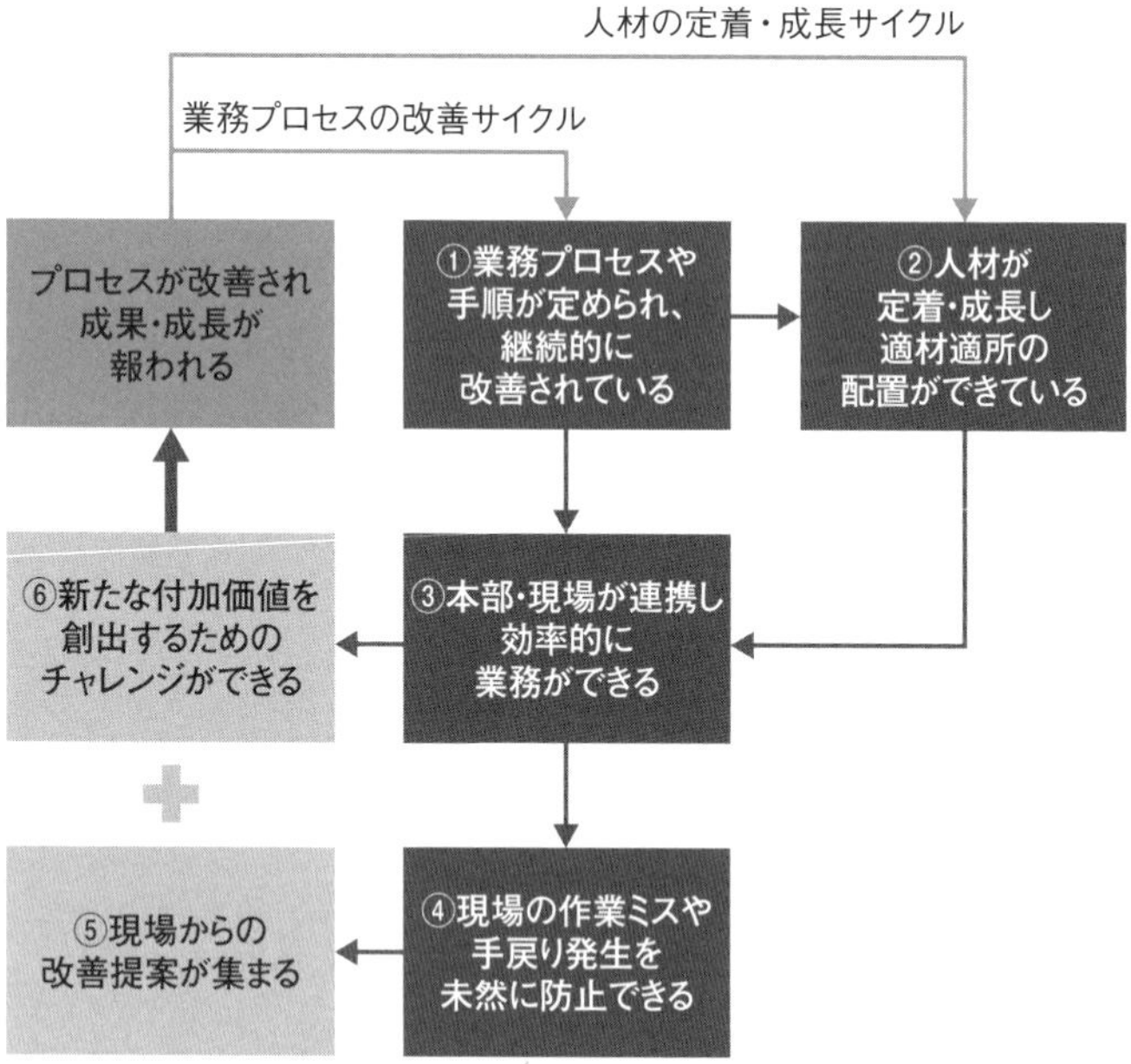

に改善し続けていくことも重要である。

プロセスや手順の明確化は、誰がどのタイミングでどのような業務・作業をするか定義することを意味する。その結果、業務遂行のために身に付けるべき知識やスキル、技能が明確になる。その知識やスキル、技能を身に付けるためのトレーニングや研修制度を充実させれば、実践的な（実務に即した）人材育成が可能となる。

②組織全体での人材育成がうまく進みスキルが底上げされると、人材配置の自由度・柔軟性も高くなる。目先の業務都合による（Ｍｕｓｔ）配置だけなく、個々のスキル（Ｃａｎ）や中長期的な目指す姿、キャリアプラン（Ｗｉｌｌ）を考慮した適材適所の人材配置が可能になる。

③「業務プロセス」と「人材」がうまく噛み合うようになると、本部と現場との間での業務上・人事上の連携が活発になる。本部と現場との間での日々の連絡や

通達が適切に伝わり、人事上の配置調整も定期的に行われるようになると、結果として業務自体も効率よく進められるようになる。

④ひとたびミスやトラブルが起こると、業務が大きく手戻りし、対処に追われることになる。つまり、本来必要のなかった「トラブル対応」というムダな時間を生んでしまう。しかし、業務プロセスが洗練され、適材適所の人材が配置され、効率的に業務が進むようになると、当然ながら現場での作業ミスが起こりにくくなる。さらには、リスクや懸念点への感度も高まりトラブルを未然に防ぐ確率も上がる。

⑤トラブル防止の観点だけでなく、業務効率や生産性を高めるために「もっとこうすればよいのでは」といったアイデアや、「もっとこうしたい」という積極的な提案・提言が生まれやすくなる。それらをしっかりと集約し、受け止めることで、さらなる改善を生み出せる。

⑥業務の生産性向上は「ムダ取り」のニュアンスで捉えられることが多いが、そこから創出された余力や余剰時間を未来への成長投資に充て、新たな付加価値を創出するためのチャレンジが実践されるようになると、単なる改善・効率化とは全く異なる次元での成長をもたらすことができる。

このように、互いに因果関係となる６つの項目を満たせれば、**「業務プロセスの継続的な改善サイクル」**が回ります。さらに成果・成長が報われることで社員のモチベーションが向上すれば、結果的に退職・離職は減り、**「人材の定着・成長のサイクル」**も回るようになってきます。

この状態、つまり**組織が生産性向上を目指し、「オペレーション改善」と「価値強化」を継続している状態**を本書では**「リーンオペレーション」のあるべき姿（到達状態）**と定義します。

ここで聞き慣れない「リーン（Ｌｅａｎ）」という単語について補足します。

英語でリーンとは「筋肉質な」「脂肪や贅肉がない」といった意味を持ちます。製造業に関わる人であれば、トヨタ生産方式の考え方やメソッドを称した「リーン生産方式」という言葉を聞いたことがあるでしょう。起業間もないスタートアップ企業にとっての事業成長手法を称した「リーンスタートアップ」といった使い方もあります。いずれも「ムダなく、均整の取れた」という意味で用いられています。

本書でも同様に、「ムダがなく均整の取れた」業務オペレーションという意味で「リーンオペレーション」という言葉を使いますが、さらに付け加えると、**「改善と価値向上のサイクルが継続している状態」**というニュアンスも含めています。

「リーンオペレーション」には絶対的な完成形やゴール、正解があるわけではありません。「当社はオペレーションがリーンになりました。そのためこれで完成です」と、ある時点で終わるものではないのです。

これは、筋肉質な体づくりとも似ています。短期的に激しいダイエットやトレーニングをして「痩せました！筋肉質になりました！もう完成です！」と思える瞬間があったとしても、安心するとすぐ元の体に戻ってしまいます。そういった瞬間的な達成を目指すのではなく、体質改善や食生活の見直し、適度なトレーニングを継続すること、そのスタンスやアクションの継続性にこそ本質的な意味があると考えます。

企業や組織も「生き物」です。社内外の環境や状況が日々変わる中で**「業務オペレーションに潜むムダ・ムラ・ムリをなくすための改善活動」**と、そこから創出される**「時間的・経済的余力の再投資による価値強化」**を**継続すること**が、本書が最も重要だと考えていることです。

第3章

リーンな状態になるために

3-1 生産性向上の考え方

生産性を向上するにはどうしたらよいでしょうか――。その方法論について考えを進めます。

まず「生産性」と聞いてすぐ思い起こされるのが、

生産性 ＝ 付加価値（アウトプット）÷ 投入資源（インプット）

という分数の形で表現される関係式です。

この生産性の式は、使われる文脈によって定義が若干異なりますが、「投入資源に対して、どれだけ多くの付加価値を創出したか」という根本的な考え方は同じです。

企業の生産性は、付加価値/投入資源で表現される

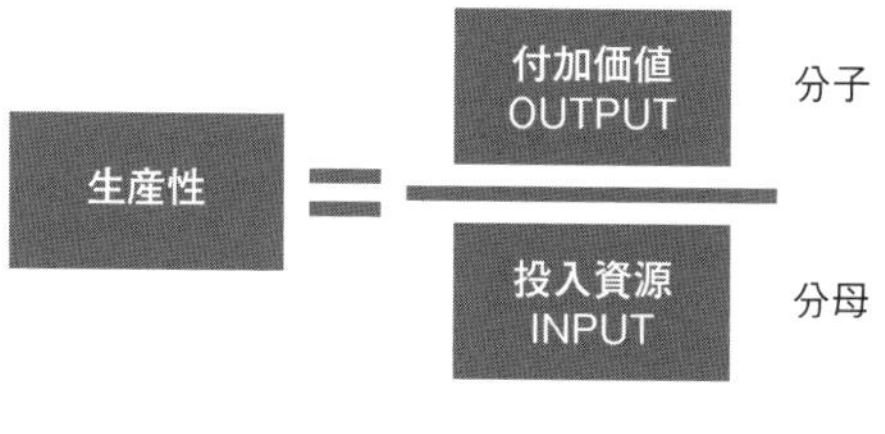

国全体の生産性を測る場合は、

国民生産性＝国民一人あたりＧＤＰ（円／年）＝国民総生産（ＧＤＰ）÷全人口

労働生産性＝生産年齢人口一人あたりのＧＤＰ＝国民総生産（ＧＤＰ）÷生産年齢人口

小売業やサービス業における生産性を測る場合は

人時《にんじ》生産性（円／時間）＝粗利益（円）÷業務に投じた時間（時間）

となります。

本書においては、「企業」を単位として考えますが、企業活動は様々な要素から構成され、因果関係が複雑に絡まりあっています。そのため、これら付加価値や投入資源が具体的にどのような要素から成り立っているのか、どのように関連しあっているのかといった分解はここではせず、いったんは「資源を投じ、価値を獲得する」こととして、広義に捉えます。

企業活動を通じて創出される「付加価値」には、商品生産数や売上高、利益といった定量的価値や金銭的価値だけでなく、顧客満足度やブランド価値、認知度といった無形価値も含めて解釈できます。

「投入資源」についても、ヒト（人材やスキル）、モノ（設備・機械・ソフト）、カネ、時間といったものを幅広く含めて考えます。

では、このように生産性を分数の「分母」と「分子」の関係で捉えたとして、その生産性を向上させるために企業は何からどのように改善策を講じていくべきでしょうか。

分母（インプット）をできるだけ小さくするような「守り」の施策を優先すべきであるという意見もあれば、分子（アウトプット）を増やすための「攻め」の施策を打つべきであるという意見も出されるでしょう。しかし、守りを優先するか、攻めを優先するかという分かりやすい二項対立の構造に議論を単純化するのは避けたいところです。

「分母を小さくする活動」と「分子を大きくする活動」は「どちらか」と分けて考えるのではなく、**段階的かつ連鎖的に「どちらも」し続けること**が重要になります。

その段階を示したのが、次ページの図です。

生産性が低い状態というのは、大きな投入資源（分母）に対して小さな付加価値（分子）しか創出されていない状況です。「積極的に人員を採用したのに売上高が伸びない」「巨額の設備投資をしたのに生産数が伸びない」など、経営資源の投入に対して期待通りの価値（成果）が創出されていない状態になります。

投入資源を効率化し、余力を付加価値増大に再投資する

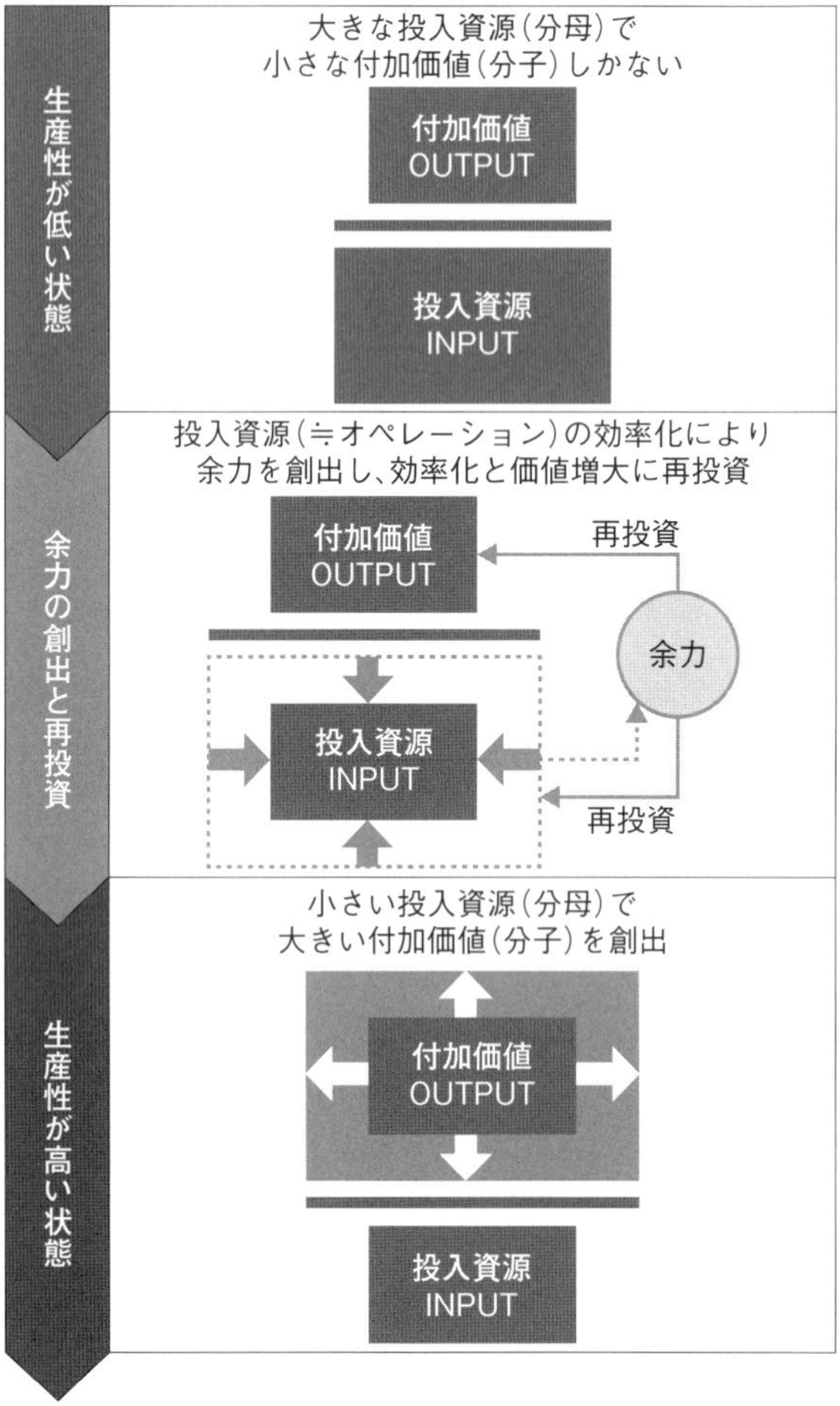

この状況を打破し、生産性が高い状態を実現するために必要なのが「余力の創出と再投資」です。一般的に、分母側を小さくしようとすると投入資源の圧縮・削減のために「経費の削減」や「採用の抑制」といったいわゆる「ガマン型」の直接的な施策から着手される傾向が強くなります。

もちろん、それらによる一定の効果は期待できますが、より大きく生産性を向上させるには、分子側の「付加価値向上」のための活動や、分母側のさらなる「効率化」に余力を再投資する必要があります。営業活動や広告宣伝費、新商品開発や技術開発などを強化したり、生産性を高めるための活動や設備投資を増やしたりすることで、永続的に高生産性状態を維持するサイクルが回り始めます。

では短期的なガマン型の対策ではなく、より継続性のある「体力強化」をするには、どのようなステップ、どのようなサイクルで施策を実行すればいいのでしょうか。企業において営まれている一連の業務や作業の総称である「オペレーション」のムダ・ムラ・ムリをなくし、改善のサイクルを回し続けるにはどうすべきでしょうか。そのための視点やステップについて、ここから詳しく述べていきます。

3-2 リーンオペレーション実現のフレームワーク（全体像）

まずは、左ページの図について説明します。

生産性　＝　付加価値（アウトプット）÷　投入資源（インプット）

の分母、分子側を、それぞれでなすべきアクションのステップに表現し直したものです。

分母側の「投入資源」を少なくするための活動は、一般的には「オペレーション改善」と言われます。業務のムダ・ムラ・ムリを省くために行われます。そのステップとして、可視化→標準化→単純化→徹底化が継続的なサイクルになっている様子を表現しています。

その結果、これまでムダに投じられていた人員のリソース、時間、コストなどを削減できて、その全部または一部を「余力」として確保できます。

さらに、「余力」を分子側の付加価値の強化や分母側のオペレーション改善に再投資することで、全体の生産性は高くなります。

仮に、分母側の投入資源（時間、コスト）を10％削減し、その余力の活用により分子側の付加価値（売上高など）を10％向上できたら、全体の生産性は、（１００％＋10％）

「オペレーション改善」と「価値強化」を継続的に実践

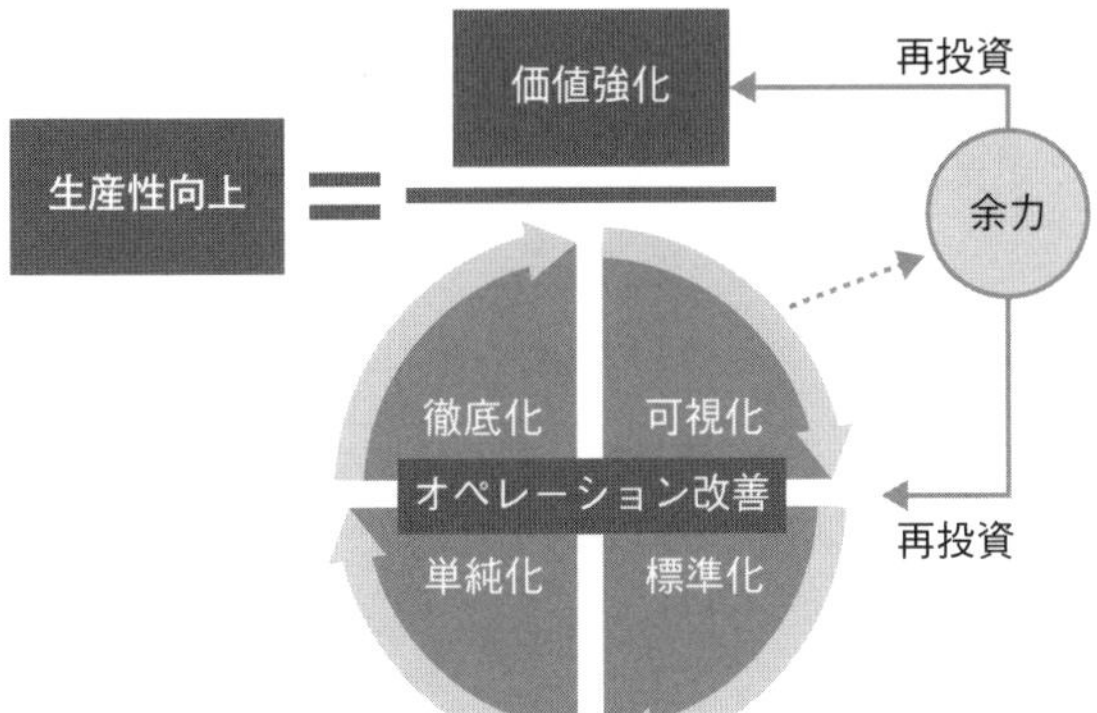

／（１００％－10％）＝１２２％と22％も向上することになります。一気に投入資源を22％削減したり、あるいは、売上高を22％向上させることは難しくても、**「10％の改善と、10％の成長」の合わせ技**で大きく生産性を高めていく点が重要です（改善、成長の率をそれぞれさらに高められれば、生産性はさらに高くなります）。そして、「リーンオペレーション」は、まさにオペレーションの改善と余力の再投資による価値強化を継続していくことで実現するものです。

この概念からさらに具体的に掘り下げて、施策を**「どういう視点や切り口・考え方」で「どのように実行・実践するか」**という具体的な方法論まで理解する必要があります。

多くの企業は、生産性向上の概念を分母・分子の形で理解しつつも、具体的なアクションに結びついていなかったり、あるいはアクションが断片的・一時的なものにとどまっていたりするのが実態です。「健康になるには、食事と運動と睡眠が大事」なことは、誰しもが分かっています。「生産性を向上させるには、投入資

「オペレーション改善」と「価値強化」を継続的に実践

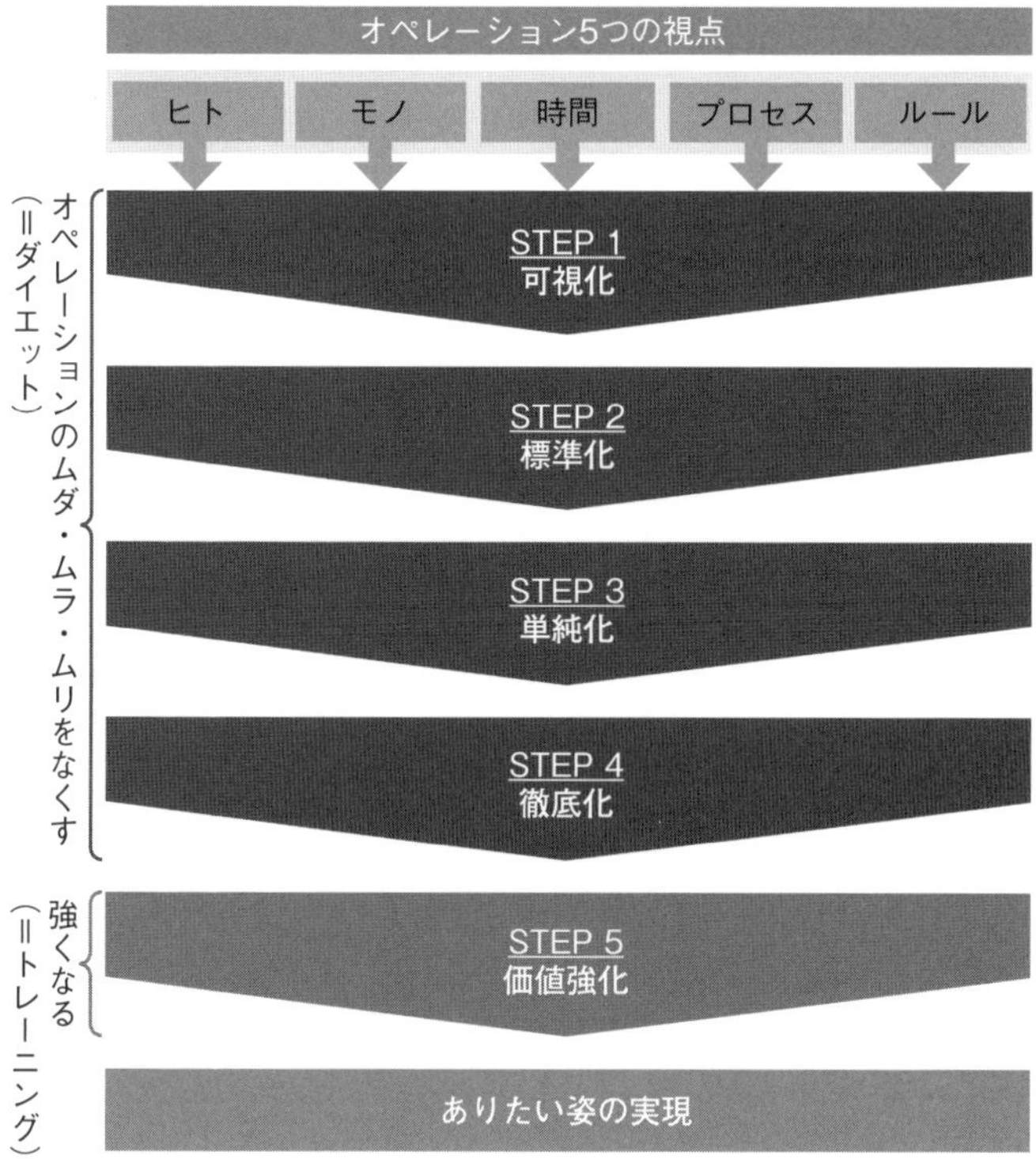

源を減らして付加価値を高める」ことも分かっています。そこにとどまらないように、具体的な方法論の全体像とポイントをもう少し詳しくひも解いていきます。

その理解の一助として**「リーンオペレーション実現のフレームワーク（全体像）」**を定義します。分母に描かれていたサイクル状の可視化、標準化、単純化、徹底化をＳＴＥＰ１～４に並べ、最後に価値強化をＳＴＥＰ５として位置付けました。本来的にはサイクル型での表現がより厳密ですが、順序関係の分かりやすさのために直列で表現しています。

その前後にオペレーションの「５つの視点」と、目指すべき方向として「ありたい姿の実現」を置いています。

さらに、このフレームワークをより詳細に分解したのが、次々ページの図になります。この図こそがリーンオペレーション実現のための視点やポイントを網羅的に整理したものです。先の図になかったものとして「推進力」のブロックを記述しています。

このフレームワークは、リーンオペレーションの全体像を俯瞰するのに非常に有効なだけでなく、自分たちの活動が、どこのステップのどの要素に位置するのかを確認したり過不足を知ったりするためにも有効です。

次章からは、「5つの視点」×「5つのステップ」で構成するリーンオペレーションの実行フレームワークとその詳細について見ていきます。

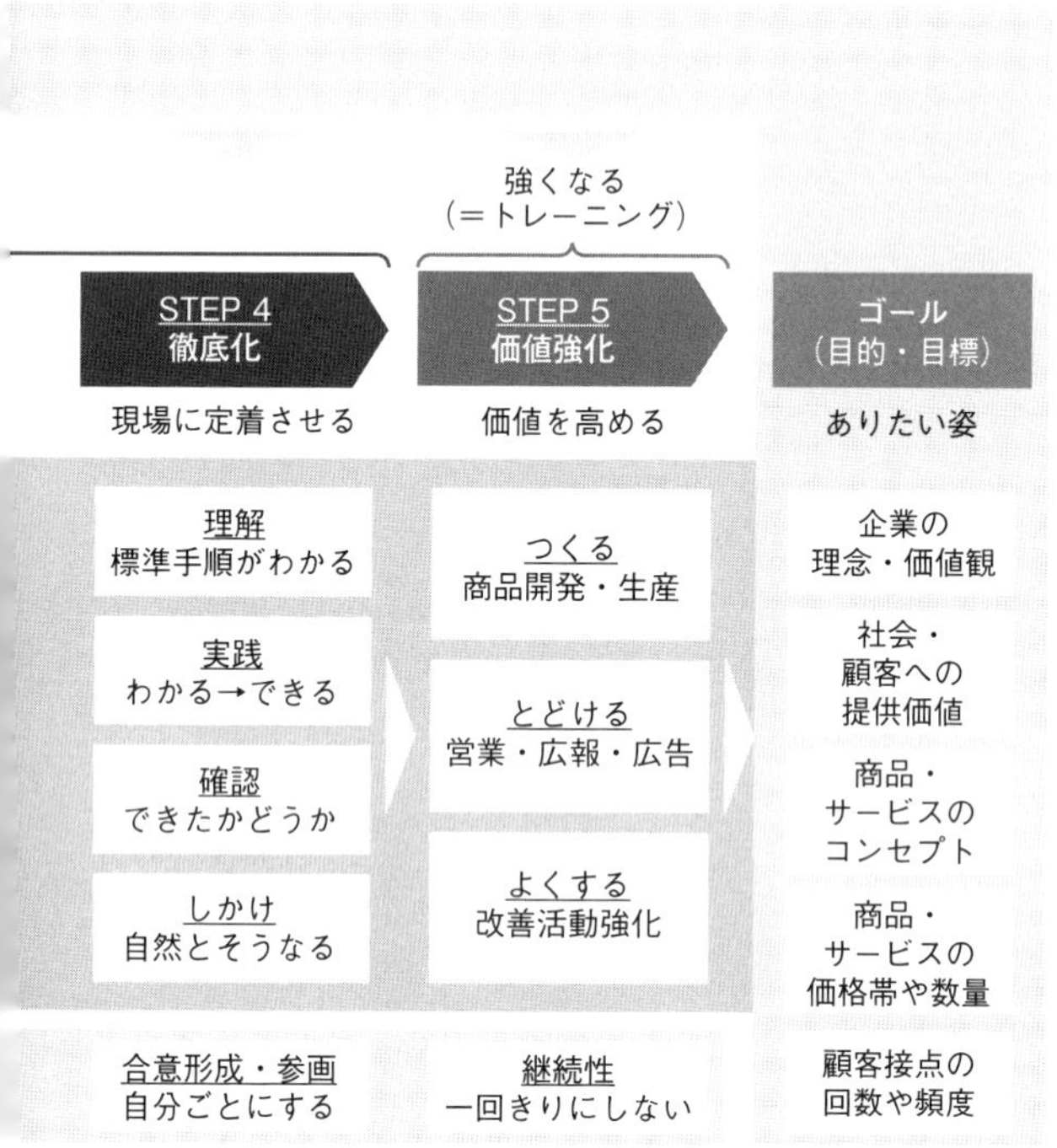
強くなる
(＝トレーニング)
STEP 4
徹底化
STEP 5
価値強化
ゴール
(目的・目標)
現場に定着させる
価値を高める
ありたい姿
理解
標準手順がわかる
実践
わかる→できる
確認
できたかどうか
しかけ
自然とそうなる
つくる
商品開発・生産
とどける
営業・広報・広告
よくする
改善活動強化
企業の
理念・価値観
社会・
顧客への
提供価値
商品・
サービスの
コンセプト
商品・
サービスの
価格帯や数量
合意形成・参画
自分ごとにする
継続性
一回きりにしない
顧客接点の
回数や頻度

リーンオペレーション実現のフレームワーク（全体像）

「ありたい姿」と「各STEPでの取り組み」とのつながり（整合性）が重要
オペレーションのムリ・ムラ・ムダをなくす（＝ダイエット）
STEP 1 可視化
STEP 2 標準化
STEP 3 単純化
オペレーション 5つの視点
現状を把握する
「型」に落とし込む
シンプルにする
ヒト
モノ
時間
プロセス
ルール
人数やスキル
設備やツール
工数や日程
業務項目や手順
原則や前提
スキル どのような人が
道具 どの道具を使って
時間 いつどの長さで
動作 どの動きや操作で
手順 どの順番で行うか
なくす 業務自体をなくす
減らす 量や回数を減らす
寄せる 集約してまとめる
任せる 外部・機械化する
推進力
組織風土 対話と相互理解
改善意欲 より良くしたい
調査・分析 正しくとらえる

第4章

実践編

企業・事業のゴールを定める

オペレーション改善や価値向上の具体的な施策について考える前に、最初に考えるべきことが**「企業や事業としての目的・目標（ゴール）」**です。

こんな当然のことをあえて強調しておきたいのは、多くの企業がここを十分議論せずに曖昧にしたまま、各論となる施策（Ｈｏｗ）の議論に着手してしまいがちだからです。オペレーションを構成する動作や作業が

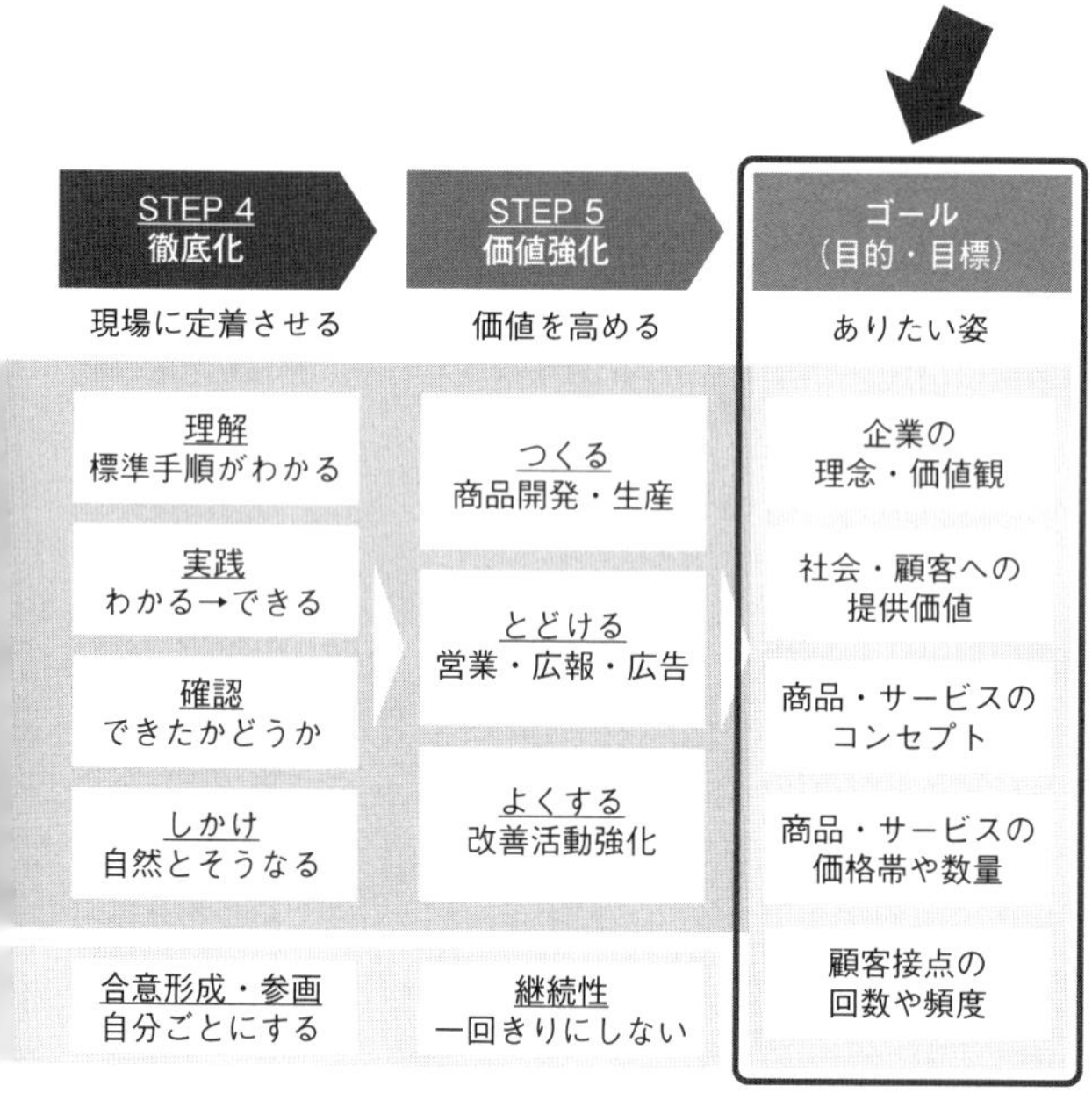

適切であるかどうかは、全てゴール実現に対する要・不要で決まります。**動作や作業そのものに絶対的な正解や不正解はありません。**

例えば「顧客一人ひとりとじっくり対話を重ねる接客」は、一般的には「よさそう」に見えるかもしれません。ただし、それはあくまでも高価格帯の商品やサービスを販売する場合にのみ有効な接客方法です。住宅、保険、自動車あるい

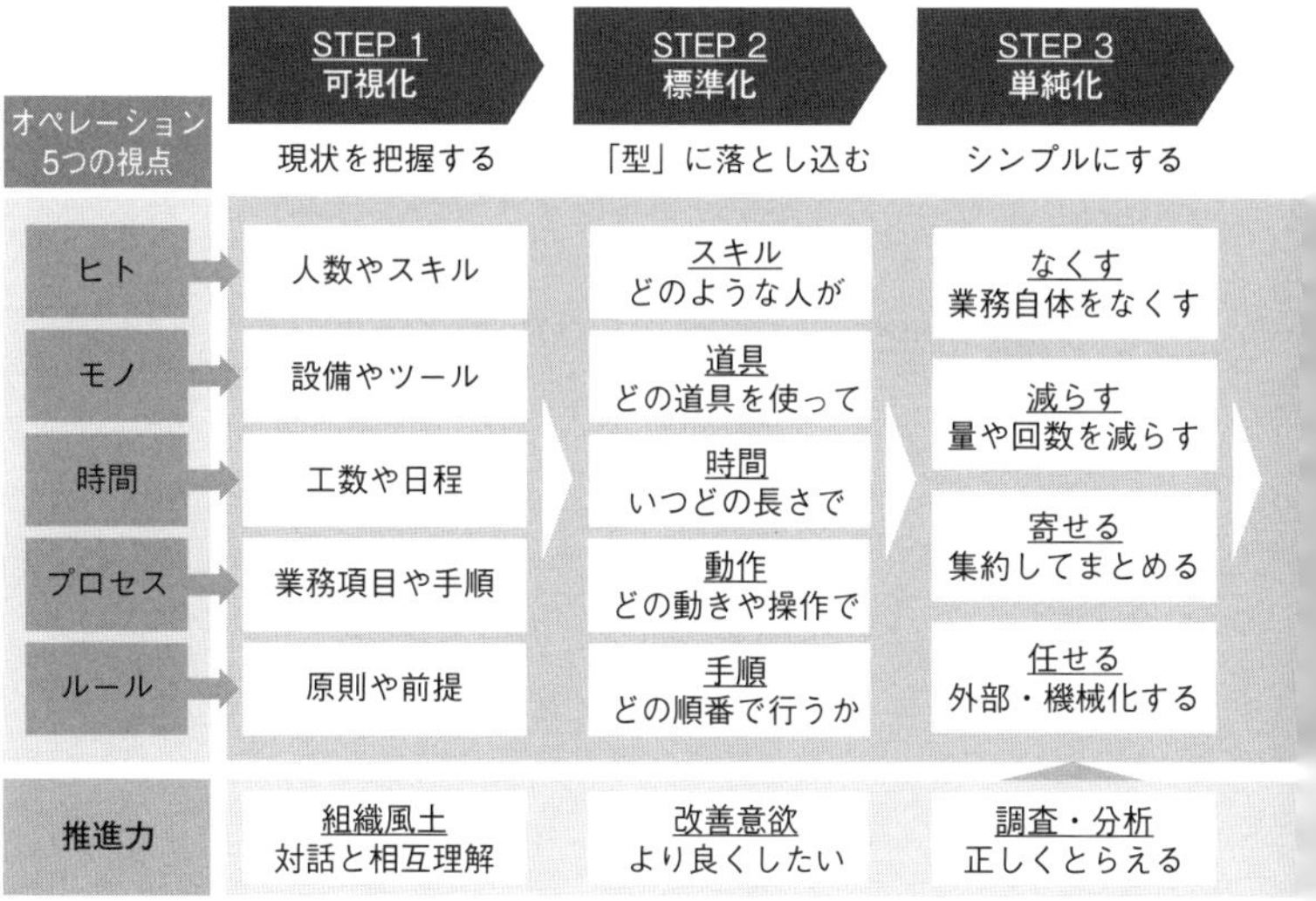

は貴金属や服飾品、化粧品などの販売、高級旅館、飲食店、美容サービスなどは、顧客が購買に至るまでの検討期間が長く、複雑なニーズに対応した提案が必要となるため、対話型接客の必要性が高く、コスト的にも成立します。

しかし、低価格帯で多くの顧客に多数販売するような業態では、対話型接客は高コストな過剰サービスになりかねません。ふらっと食材を買いに入ったつもりのスーパーマーケットで、入店から会計までマン・ツー・マンで「本日は何をお探しでしょうか」「こちらもオススメです」と隣を歩きながら商品を薦めるような接客は、人件費の面から見ても顧客体験の面から見ても過剰です。

このように「対話型接客」という動作や作業そのものが、正しい正しくないとは言えません。あくまでも企業や事業としての目的・目標と照らし合わせて考え、はじめて適切か不適切か、適正か過剰・過小かの判断が可能になります。よいオペレーションを構築するには、その判断基準となる「企業や事業の目的、目標」をできるだけ具体的かつ定量的に設定していなければなりません。

その際の観点・論点となるのが、次の五つの項目です。いずれも企業として社会に対して、何をしてどのような貢献をするのかという「社外に対する」基本方針になります。

・企業の理念・価値観：どのような社会の実現を目指すか（Vision）
・社会・顧客への提供価値：企業としてどのような価値貢献を果たすか（Mission）
・商品・サービスのコンセプト：どのような商品・サービスを提供するか（Product）
・商品・サービスの価格帯や数量：具体的に商品・サービスをいくら、いくつ提供するか（Price）
・顧客接点の回数や頻度：そのためにどのような顧客接点を設けるか（Place／Promotion）

これらに加えて、社員としての価値観や行動規範といった「社内に対する」基本方針として、次の二つの項目を追加して検討することも有効ですが、これについては後述します。

・従業員として大事にする価値観：企業の一員として何を重んじるか（Value）
・行動するうえでの規範：どのような行動を重視するか（Principle）

これらの「社外に対する基本方針5項目」と「社内に対する基本方針2項目」は、いずれも企業にとって重要であるのは間違いありません。本書のテーマであるオペレーションについて議論を進めていくうえでは、次の3点についてどれだけ具体性（解像度）を持たせるかがポイントとなります。

・商品・サービスのコンセプト：どのような商品・サービスを提供するか（Product）
・商品・サービスの価格帯や数量：具体的に商品・サービスをいくらで、いくつ提供するか（Price）
・顧客接点の回数や頻度：そのためにどのような顧客接点を設けるか（Place/

Promotion）

「商品・サービスのコンセプト（Product）」とは、その商品やサービスの特徴・特色を表現する言葉です。例えばスーパーマーケットの場合、「どこよりも新鮮なものを」「とにかく1円でも安く」「どこにもない逸品を」「毎日の食卓を華やかに」では鮮度・価格・珍しさ・高級感の何を最優先するのかが異なっているため、商品選びや店づくりの方向性も変わってきます。

全部を満たせるようなオールマイティーなコンセプトにしたくなりますが、それでは特徴がなくなってしまいます。あえて、コンセプトを絞り込むことで方向性をクリアにすることが重要です。

ちなみに、方向性を一つに絞り込めない場合、最終的に業態やブランドを分けることで適切な住み分けが整理されている例が多数あります。著名な例ではファーストリテイリングが運営する「ユニクロ」と「GU」のように価格帯や商品特性によってブランドを分けている例です。同様にトヨタ自動車は「トヨタ」と「レクサス」というブランドを設けています。飲食業界においては同一の運営企業が居酒屋系、焼肉系、カフェ系……といった業態ごとに屋号を変えている例が多々あります。

このように自分たちは誰のためにどのような商品やサービスを提供する企業でありたいのかの議論を尽くし、商品やサービスのコンセプトや方向性を明確にすることが重要になります。

次に**「商品・サービスの価格帯や数量（Price）」**の方向性も明確にしておきます。価格戦略はビジネスそのものであると言っても過言ではない重要なポイントです。一般的には三つの視点から価格を設定します。

・利益：どの程度利益を確保するか（コストとの兼ね合い）
・競合：他社、他店の価格に対して、どの程度高いか・安いか

・需要：顧客が期待する価値に対して、妥当な価格か

中でも、特に議論・検討すべきは「需要」です。通常、私たちは商品やサービスの提供者である以前に、一人の消費者・利用者として個人や家庭、会社で多くの商品やサービスを購入、利用しています。金銭感覚には個人差はあるものの、ある程度の「世間的な相場感」という基準を無意識的に持っています。

例えばラーメン店で食べる「ラーメン」といえば、どの程度の価格をイメージするでしょうか。都内の相場感としては、多くの人が１０００円前後と答えるでしょう。対して５００円であれば「安い」、１５００円だと「高い」と感じる人が多いのではないでしょうか。しかし、ざっとインターネットで検索すると３９０円で提供しているチェーン店や２００円台で提供している街の中華料理店も存在しています。一方、一杯２０００円以上する高級食材を使ったものや、さらには１万円を超えるラーメンもあります。

例えば300円のラーメンと、3000円のラーメン。どちらが良いか、おいしいかという比較論は重要ではありません。それぞれの顧客の「期待価値」は全く異なるからです。300円のラーメン屋と3000円のラーメン屋は、客層も店舗立地や雰囲気、食材や一日の提供数、ビジネスを構成するあらゆる要素が別になってきます。仕込みや調理、接客のあり方も含めて、オペレーションは全く異なるものになってきます。

だからこそ「ラーメンと言えば1000円くらい」という相場感にとらわれず、企業としてのゴール（ありたい姿）を描くために、具体的に「どれくらいの価格帯で、いくつくらいの商品やサービスを提供したいか」を定量的に検討することが重要なのです。

そして、どの程度の**「顧客接点の回数や頻度（Place／Promotion）」**を通じて提供するかということも議論を深めていく必要があります。例えば1日の客数見込みをどの程度にするか、販売エリアや店舗数をどの程度にするかによってビジネスモデルは全く別物になります。オペレーションの考え方も異なってきます。調理担当とホールスタッフだけのこじんまりとしたアットホームなラーメン店にするのか、全国展開の大規模チェーンを目指すのか。これらもオペレーションの在り方を決定付ける重要な要素となります。

繰り返しになりますが、業務や動作そのものに絶対的な正解も不正解もありません。「企業・事業のありたい姿」も各社各様に定めるべきものであって、例えば「飲食業」や「ラーメン店」といった分かりやすいカテゴリーの常識にとらわれる必要もありません。

あくまでも**「オペレーションの良しあし」は「企業・事業のありたい姿（ゴール）」の方向性に合致するかどうかという点でのみ判定可能**となります。だからこそ、その判定基準となる企業・事業のありたい姿は、できるだけ具体的かつ定量的に定義することが重要となります。

第5章

実践編

オペレーションの「5つの構成要素」を理解する

企業・事業のありたい姿を明確にしたら、いよいよ本丸である「オペレーション」について考える段階です。そこで、まずは**オペレーションを構成する「5つの要素」**についてあらためて考えを深めていきましょう。

「オペレーション」とは、**企業や事業の目的・目標を実現するために営まれる一連の業務や作業の「総称」**です。総称として便利に使われますが、「オペレーション」として目に

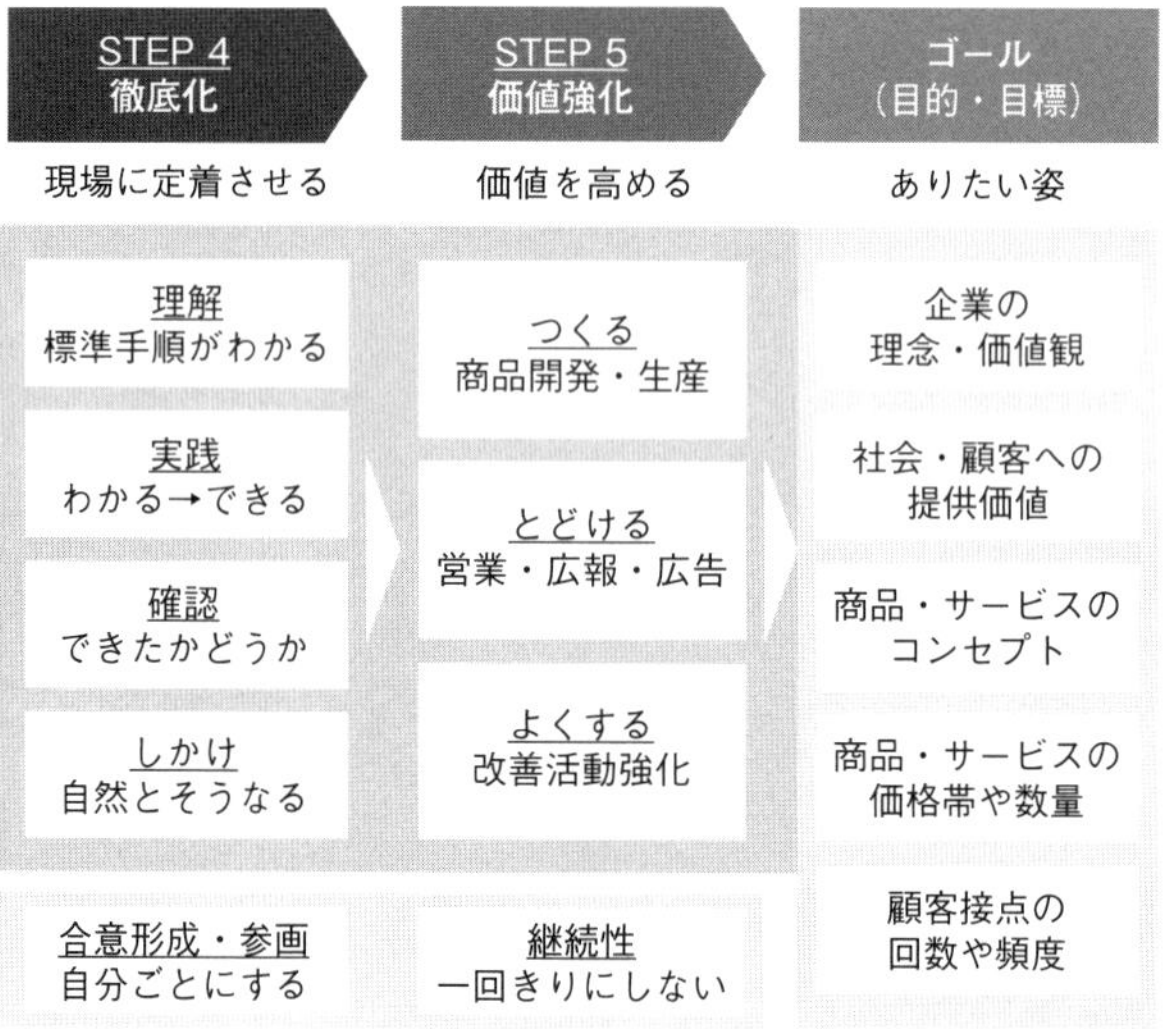

見える何か、数えられる何かがあるようなものではありません。

「オペレーションが機能している」「オペレーションがうまく回っていない」といった全体感として語られることはあっても、どこにどのような課題があるのかを正しく要素として捉えていないと、改善には着手できません。「なんとなく体調がいい」「なんとなく体がだるい」というのと変わらない状態になってしまいま

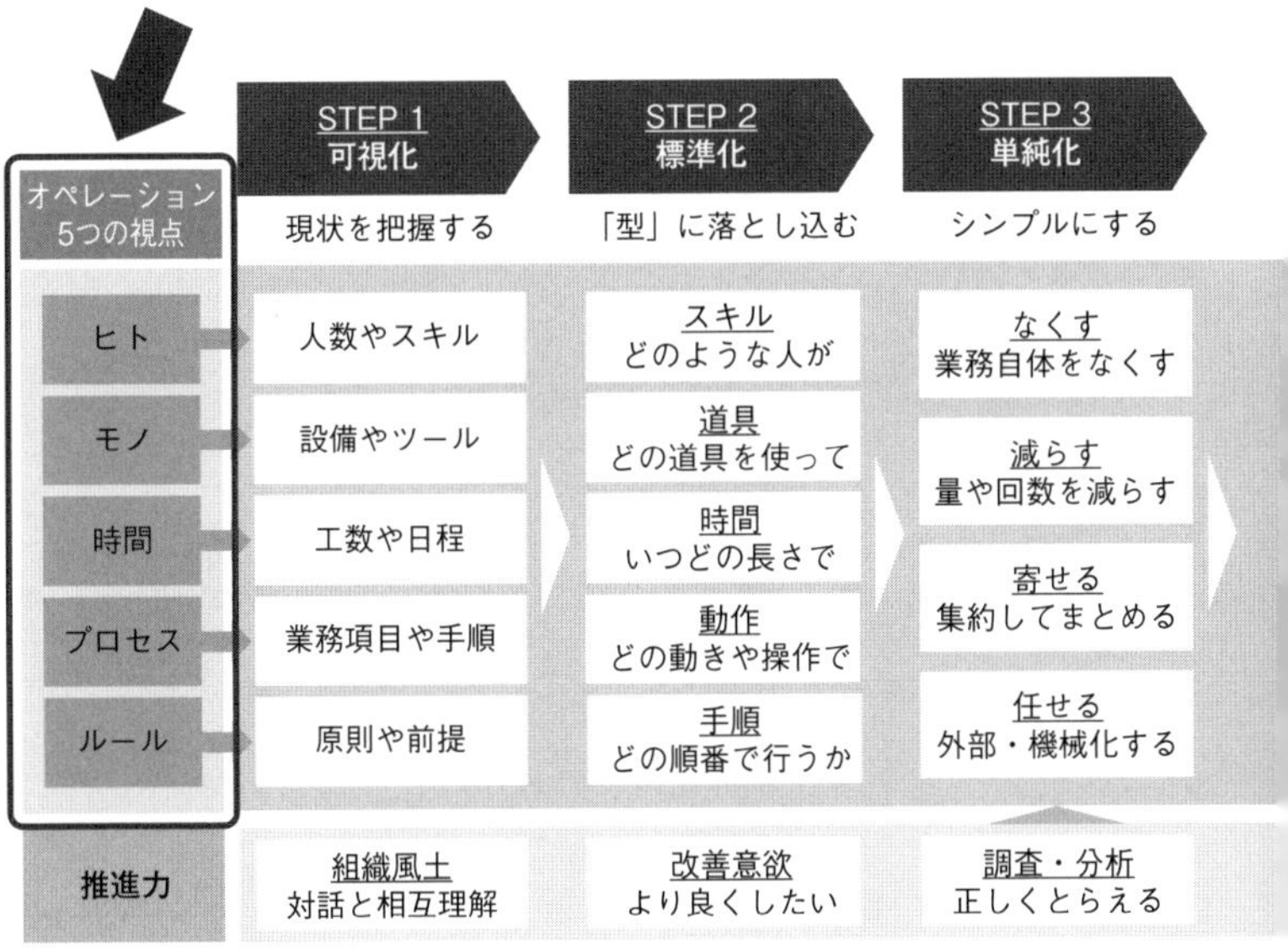

す。そこで、まずはオペレーションの構成要素を5つに分けて捉えてみましょう。

「5つの構成要素」は全体を3階建ての構造で理解すると、関係性が明確になります。「ルール（原則・前提）」が1階部分となり、その上の2階部分に「プロセス（業務の流れ）」、さらにその上の3階部分に「ヒト」「モノ」「時間」という「リソース（経営資源）」が位置付けられます。

このそれぞれの階層が、次のような適切な状態となることで、経営や事業の目的・目標の実現が見えてきます。

1階：原則や前提条件（ルール）が制定・認識され、順守意識（モラル）が醸成されている

2階：業務の項目や流れが明確に定義され、適切に改廃されている

3階：経営資源が適切に配置・配備され、タイミングやスケジュールが守られている

ゴール実現に向け「オペレーションの5要素」を改善し続ける

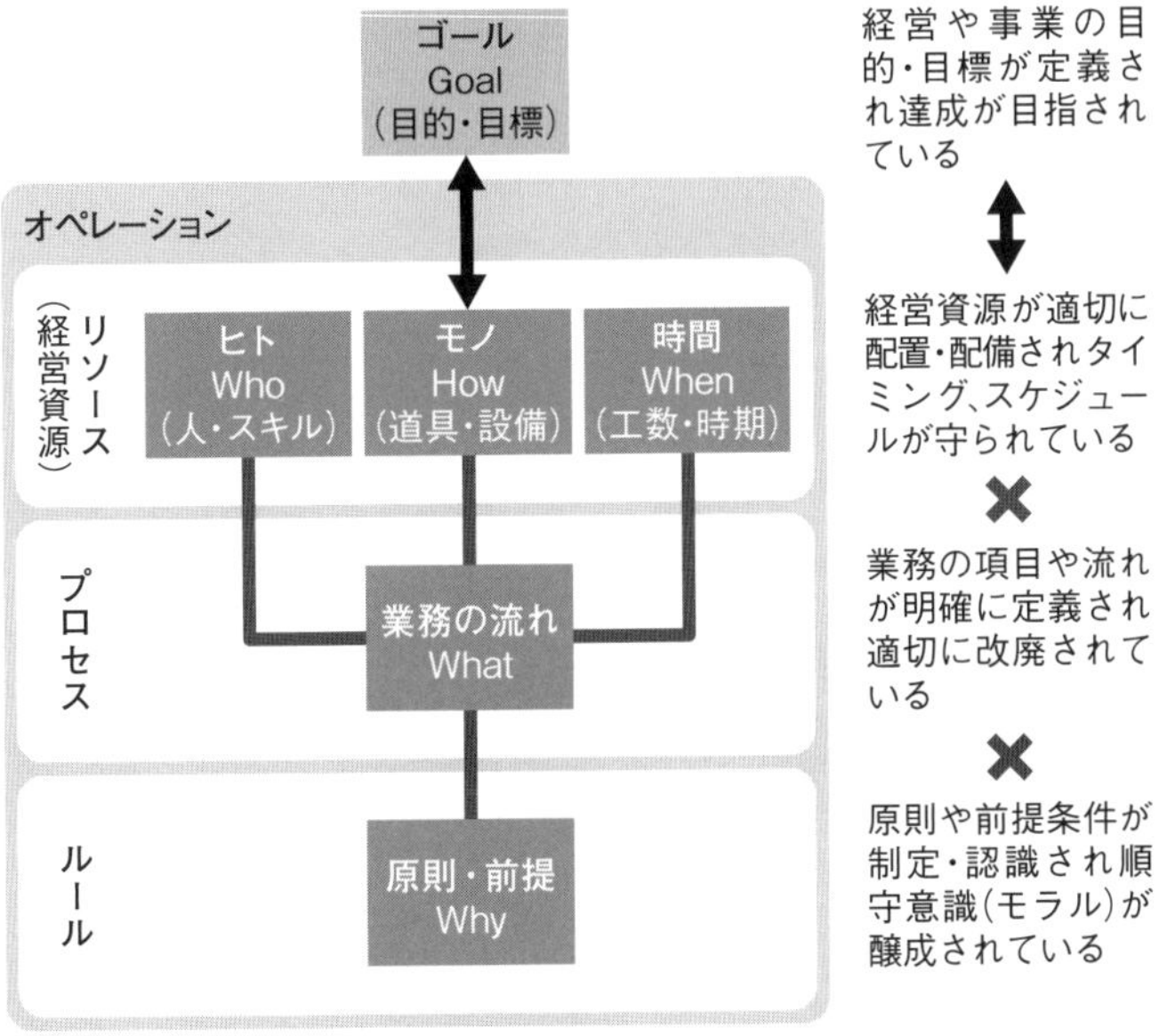

あえて階層としているのは、1階から順にしっかりと確立していかないと、その上をいくら良くしようとしても、不安定になりぐらついてしまうからです。

例えば、「モノ（道具・設備）」をやみくもに新調してもあまり意味がありません。新しい設備を導入する際（3階）は、その設備を用いた新しい業務プロセス（2階）からしっかりと再構築する必要があります。さらに言えば「業務プロセスを変え、設備を変えて、生産性や品質を高めていこう」という意識的な前提条件（1階）が組織内で共有されていなければなりません。このような階層関係を意識しながら、一つひとつの構成要素について少し掘り下げていきます。

オペレーションがうまく機能している状態／うまく機能せずに混乱している状態のイメージを分かりやすくするための比喩として「街の交通状況」に置き換えて考えてみます。

オペレーションがうまく回っているとは、「混乱なくスムーズに人や車が往来する街」のような状態です。事故なども起こらず、人や車がスムーズに流れ、荷物が予定通りに滞りなく運ばれていく近代的都市のようなイメージです。

では、オペレーションがうまくいっていない状態は、どうでしょうか。それはまさに「あちこちで渋滞や事故が起こり、人や車の往来が混乱しクラクションが鳴り響き、荷物や人の遅配が起こっている街」のようなイメージです。

これらの2つの街を対比すると、いろいろな違いが見えてきます。あなたが、街の交通戦略・交通政策を考える立場だと

したら、この慢性的な混乱状態を解消し、高度化されたスムーズな街をつくるために、何を考え何を実行するでしょうか。

企業のオペレーション改革を実行することも、まさに同じです。混沌としたオペレーションのどこに問題があるのか。それをどこからどうやって変えていけばいいのか。まず要素に分けて考えることで、企業のオペレーションに必要なものを考えるヒントを得ていきます。

5-1 原則・前提（ルール・モラル）

3階建ての土台となる部分は、**「原則や前提」**です。企業組織として守るべき原則や前提がルールとしてきちんと定められ、順守する意識（モラル）が定着しているかが重要となります。

街において、普段は「当たり前」すぎて原則や前提を意識することはあまりありません。しかし、身の回りには「赤信号では止まる」「人が道路を渡るときは横断歩道や歩道橋を使う」「車は左側を走る」「制限速度を超えない」など多くの原則・規則（ルール）があります。そのルールを守ろうとする意識（モラル）に対しても暗黙の信頼関係があるからこそ、安心して車を運転したり街を歩いたりできます。

それが赤信号で止まっても止まらなくてもいい、横断歩道以外でもどこでも道路を渡ってもいい、ルールはあってないようなもので誰も守る気がない……という世界では安心して運転も散歩もできなくなります。

では、企業における「原則や前提」とは何でしょうか。それは、前の章で「社内に対する基本方針」として位置付けた次の2点です。

従業員として大事にする価値観‥企業の一員として何を重んじるか（Value）

行動するうえでの規範‥どのような行動を重視するか（Principle）

価値観（Value）や行動規範（Principle）は、まさしく従業員としてどのような価値観を重視し、どのように行動するかの基本方針を明文化したものです。この価値観や行動規範があるからこそ、「どうあるべきか」という正しい姿だけでなく、「どうあってはいけないか」を浮かび上がらせることにもつながります。悩んだときに立ち返って何を優先すべきか、何をやめるべきかを判断する基準にもなります。

この価値観や行動規範は、様々な企業がWebサイトで公開しています。「短いフレーズ」に込めた思いなども合わせて説明されており、気になる企業のサイトを参照してみてください。ざっと俯瞰《ふかん》すると、多くは次のような観点で定義されています。

- 顧客にどのように向き合うか
- 製品や業務にどのように向き合うか
- 組織のあり方と、個々の役割とは

・個人としての自己実現や成長をどうすべきか
・倫理や法律をいかに尊重するか

この価値観や行動規範は、明文化されているだけでは意味がありません。それが社内で正しく認識され、普段から意識されて行動時の規範として機能しているかどうかが重要です。そこが揺らぐと、あらゆるオペレーションの「土台」が揺らいでしまうことになります。

5-2 業務の項目や流れ（プロセス）

次に、3階建ての2階部分であり、オペレーションの中心となるのが**「業務の流れ（プロセス）」**です。

街において、交通を左右する大きな要素の一つが「道」です。どこからどこに、どのような経路で流れていくか。それは全て道に沿って進められていきます。未整備の砂利道もあれば、アスファルトで整備された道路もあります。誰もが知っている大通りだけでなく、細い路地もあります。高速道路のように、ある目的や用途に特化した専用道路もあります。

私たちは、どこかに行こうとするとき、陸上であれば間違いなく道を使って移動します。街中の一人ひとり、1台1台の移動が、街全体の交通状況をつくり上げます。しかし、多くの場合は道を「あって当然」と捉えています。通行止めになって不便を感じたり、新しい道路が開通して便利さを感じたり、といった場面に直面しなければ、道の存在を意識したり疑問を持ったりすることは少ないでしょ

う。ましてや、自分で道をつくり変えようと思うことはありません。

企業の中も同様です。さまざまな部署の人が、さまざまな目的で業務を遂行しています。個人で完結する業務はほぼ皆無であり、自分が担当する業務の前後には、必ず誰かの業務が存在します。そうやって、人から人へと渡りながら進められる「業務の流れ」こそが「業務プロセス」です。企業の中には、形が見えないながらも道のような業務プロセスが、縦横無尽に張り巡らされています。普段は当たり前のものとして受け止めてられています。

「道」と「業務プロセス」の最大の違いは、その姿が見えにくいことです。工場の生産ラインであれば、材料が投入され、様々な機械で加工され、組み立てられ、製品ができあがっていく様子を目の前で見ることができます。しかし、大半の業務はそうはいきません。

業務の項目：「業務」と呼ぶべきものにはどのようなものがあるか

業務の流れ：「業務」は誰がどのような順序・手順で行っているか

道は何本あるか数えることができます。業務も同じようにそれらを項目立てて定義し、定量的に把握できるようにする必要があります。さらには、その流れ（道順・ルート）を記述、可視化していかなければなりません。

街中の車や人の往来を見ても、どこからどこに行こうとしているのか、目的地に向かって進んでいるのか、ただ迷っているのか、その経路が最適なのかなどは分かりません。それが企業の中の業務であればなおのこと実態は見えにくくなります。皆がオフィスでパソコンに向かって何かを入力していたり、店頭や現場であくせくと何かの業務をしている様子だけ見ても、その業務プロセスが妥当かどうかを見極めるのは困難です。

しかし、その見えない業務プロセスに目を向け、磨き、最適化していくことがリーンオペレーション実践の根幹です。オペレーションの根幹となる業務プロセスをどう可視化し改善していくのか。その進め方については、後で詳述します。

5-3 ヒト（スキル）

ここからは3階建ての3階部分、オペレーションに投入される経営資源（リソース）の層を見ていきます。その中で、どの企業においても最も大きな存在が「ヒト（スキル）」です。

街においても、車を運転するには車両種別に応じた運転免許証が必要です。運転免許証を有していれば、その車両を運転・操作する知識やスキルを有している

ことが法的に担保されます。

一方、免許がなくても乗れる自転車もあれば、単に歩くだけの場合もあります。業務においても同じです。業務の遂行には何らかのスキルが必要な場面が多々あります。

例えば、医師として診察や治療をするには医師免許が必要です。製造業の場合、現場で危険を伴う業務を担当するには研修を受けたうえで、企業が独自に認定するなどの制度を設けているケースがあります。飲食店では、難度の高い調理作業を担当するには先輩社員に認めてもらわなければならない場合もあります。

明確な制度やルールがなく、「彼は○○が得意である」「あの人は○○スキルが高い」と言われるようなケースも無数にあります。

オペレーションを最適化していくうえでは、そうしたスキルの必要状況と保有状況を考慮して、業務の担当を割り当てる必要があります。単純に「人数」だけでは、足りているように見えてもスキル保有者が足りないと業務は進みません。

スキルの項目：業務を遂行するために必要となるのはどのようなスキルか
スキルの保有状況：そのスキルは誰が保有しているのか／保有していないのか
スキルの必要・不足量：業務全体に対し、スキル保有者はどれくらい過不足があるか

といった「スキル」の側面から、実態を正しく把握することが重要となります。

人数やスキルを「ある時点」において把握するだけでは不十分です。半年後、1年後といった中長期的な視点に立って、どのような不足が見込まれるかを把握し、それを補うための採用や教育について計画的に着手する必要があります。

5-4 モノ（道具・設備）

もう一つ、経営資源（リソース）を投入すべきなのが「モノ（道具・設備）」です。

街には様々な車両が走っているように、業務遂行の道具や設備にも様々なものが存在します。この道具や設備については、それぞれ単体同士の優劣を比べてもあまり意味がありません。

例えば「バイク」「軽トラック」「大型トラック」のうち、一番優れているのはどれでしょうか。バイクより、軽トラックより、大型トラックの方が一度に多くの荷物を運

べます。しかし、道路事情や、運転免許の保有状況を考えると手軽なバイクや軽トラックの方が手段として優れているような場面も多々あります。場合によっては道具を使わず歩いた方がいいことすらあります。

業務においても、最新で高性能な大型設備やＩＴシステムであればあるほど優れているかというと、そんなわけではありません。あくまでも、どのような業務プロセスに基づいて、誰が（どんなスキルを有した人が）遂行するのかを想定し、そのために必要かつ十分な機能を有した道具や設備を導入する必要があります。

用途・場面：何をするために、どのような場面で使うか
機能・性能：何ができるか、どれくらいできるか／何ができないか
要求スキル：どういうスキルを有していないと活用できないか

これらの観点で、モノ（道具・設備）の必要性を判断し、「最高・最大・最新のもの」ではなく「最適なもの」を選ぶことが重要となります。

5-5 時間（工数・時期）

オペレーションを構成する最後の要素が「時間（工数・時期）」です。

道路を移動する際には、目的地までの距離と走行速度によって「所要時間」が決まります。さらに、その実施タイミングが悪いと、渋滞や事故に巻き込まれて想定外の時間がかかることになります。そのタイミングを適切にコントロールするために「信号機」や「交通整理」のような役割が必要となってきます。

業務においても同様です。業務の量と処理速度によって所要時間（工数）が決まります。

しかし、その実施タイミングが適切でないと、処理が追いつかずに滞留してしまったり、逆に手待ちの状態になったりします。こうした状態を回避するために、スケジュール調整があちこちで行われます。

工数：業務にどれくらいの時間を要するか
時期：その業務をいつ始めるか／いつまでに終えるか

これらの観点で、業務を適切にコントロールすることも、オペレーションの最適化に重要となってきます。

漠然と「オペレーションがよくない」という課題感だけでは、何も解決はできません。オペレーションを階層的に要素分解して捉えることで、自社が抱える課題やその原因がどこにあるかを探ることができます。

ここまでオペレーションを構成する「5つの要素」について見てきましたが、そ

階層	要素	視点
3階： リソース （経営資源）	ヒト （スキル）	・スキルの項目： 業務を遂行するために必要となるのはどのようなスキルか ・スキルの保有状況： そのスキルは誰が保有しているのか／保有していないのか ・スキルの必要・不足量： 業務全体に対し、スキル保有者はどれくらい過不足があるか
	モノ （道具・設備）	・用途・場面： 何をするために､どのような場面で使うか ・機能・性能： 何ができるか、どれくらいできるか／何ができないか ・要求スキル： どういうスキルを有していないと活用できないか
	時間 （工数・時期）	・工数： 業務にどれくらいの時間を要するか ・時期： その業務をいつ開始するか／いつまでに終えるか
2階： プロセス	業務の項目･流れ	・業務の項目： 「業務」と呼ぶべきものにはどのようなものがあるか ・業務の流れ： 「業務」は、だれが、どのような順序・手順で行っているか
1階： ルール	原則･前提	・従業員として大事にする価値観： 企業の一員として何を重んじるか（Value） ・行動するうえでの規範： どのような行動を重視するか（Principle）

の中に「カネ」が含まれていないことに疑問を感じる方もいるでしょう。しかし、カネはオペレーションそのものを構成する要素ではありません。

あくまでも、前述の要素を改善するために投じられる「手段」であり、「ヒト」や「モノ」「時間」の価値を換算してオペレーションの「結果」を測るものでしかありません。極端な例で言えば、業務が混乱し混沌としている現場にポンと札束が置かれても、業務は効率的になりません。そのお金を使って、ヒトを採用する、道具を変える、ルールを整える……などの「5つの要素」に変換しなければならないという意味で、カネは媒介的な存在であり、オペレーションそのものではないことが理解いただけるかと思います。

以上、オペレーションが「5つの要素」から構成されることを見てきました。次章からは、それらオペレーションを改善するステップについて、詳しく見ていきます。

第6章

実践編

リーンオペレーション実現に向けた「5つのステップ」

本章ではリーンオペレーションを実現するための具体的なステップを一つひとつ解説していきます。ステップの順序を「**可視化**」「**標準化**」「**単純化**」「**徹底化**」そして「**価値強化**」の順番で定義しており、それぞれを詳細に見ていきます。

6-1 STEP 1 可視化：見えないと改善の手を打てない

最初のステップに位置付けら

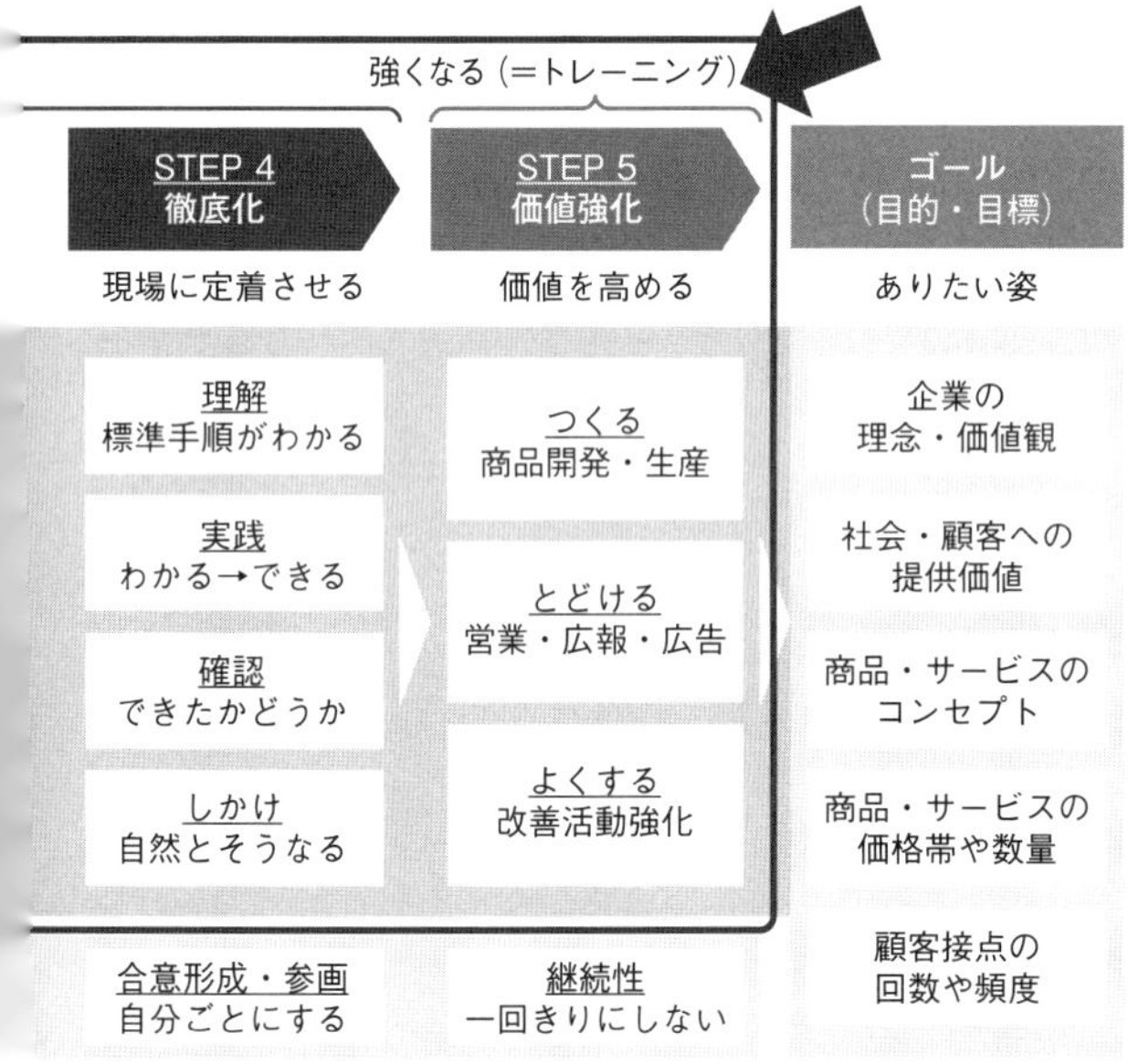

れるのが「可視化」です。「見える化」と呼ぶこともあります。業務の実態が見えないことには改善の手は打てません。何よりも優先すべき重要なステップです。

可視化のステップは、人にとっての「健康診断」や「人間ドック」に例えられます。組織や業務のコンディションを、客観的かつ定量的に見ることで、どこに異常がありどこから改善すべきかが見えてきます。

そこで、以下の点が重要にな

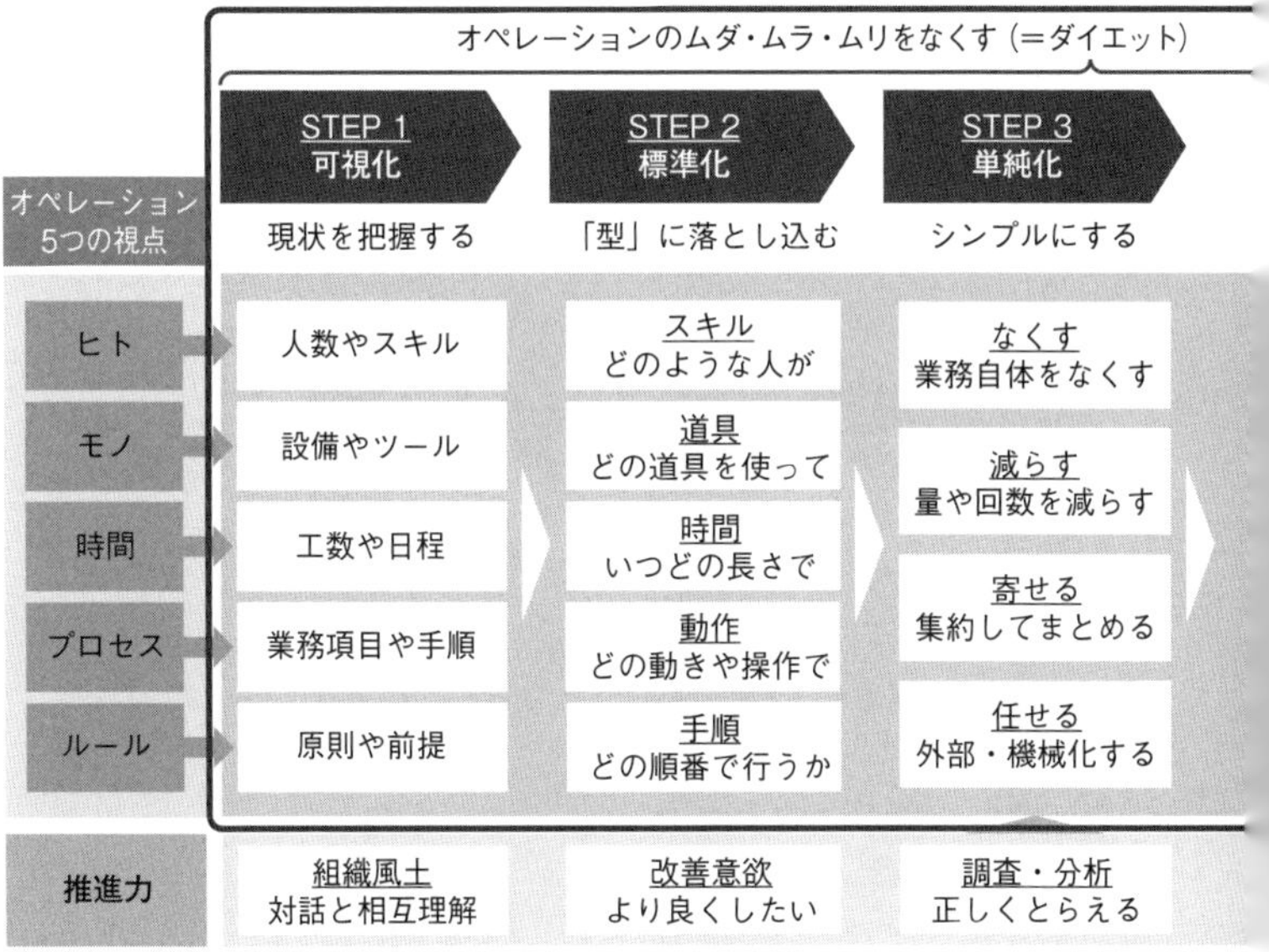

ります。

観点：「何について」「どの範囲で」調べるべきか

形式：どのような「形式」で整理すると、その後、使い勝手がいいか

精度：どこまで緻密に「精度」を求めてやるべきか、どれくらい時間をかけてやるべきか

オペレーションの「可視化」と一口に言っても、その手法は多岐にわたります。例えば「業務フローチャート」として、箱と矢印をつないで業務の流れを表現する方法は一般的ですが、作成に時間がかかる割にはその後の実用性があまり高くないため、初手としてはおすすめできません。

精度については、調査や整理をやみくもに過剰・丁寧にしてしまいがちな点に注意が必要です。調査自体にもコストや時間はかかっています。なにより結果がまとまるまでのタイムラグがその後のあらゆる改善活動の遅れにつながります。

「高精度だが時間をかける調査」と「粗くざっくりだが時間をかけない調査」の二つの場合、最初の段階であれば間違いなく後者に意義があります。熱があると感じた際、いきなり遠くの大病院まで行って精密検査することはないでしょう。手持ちの体温計で体温を把握すればよく、その方が後の具体的なアクションに移行しやすいと言えます。その感覚で、多少粗くてもスピードを重視し可視化をすべきです。

こうした前提の下、簡素でかつ利便性も高い「業務一覧表」の作成方法を詳細に解説していきます。

皆さんの職場には「業務一覧表」はあるでしょうか。公式に企業や部門の「業務一覧表」が存在するのであれば、この可視化のステップは済んでいるも同然です。しかし、実態は「何かの機会につくった記憶はあるが、どこにあるか定かではない」「自分でつくろうと試みたが、中途半端な状態で終わってしまっている」「個人的にまとめたが、チームでまとめたものではない」というケースが大半かと思います。

本書で推奨する「業務一覧表」の基本的なフォーマットは下のようなものです。このフォーマットを使えば、前述の「オペレーションを構成する5つの要素」のうち、2階部分の「プロセス」を基軸に、3階部分の「ヒト」「モノ」「時間」を網羅的かつ一元的に整理できます。なお1階部分の「ルール・モラル」の整理については後述します。

	（時間）	（スキル）		（モノ）
	業務工数 （時間＆構成比）	業務難度 （業務種別）	必要スキル	必要ツール
	◯h/月　◯%	A/B/C	◯◯スキル	＊＊システム
	◯h/月　◯%	A/B/C		
	◯h/月　◯%	A/B/C		
	◯h/月　◯%	A/B/C	◯◯スキル	＊＊ソフト
	◯h/月　◯%	A/B/C	◯◯スキル	＊＊ソフト
	◯h/月　◯%	A/B/C		
	◯h/月　◯%	A/B/C		
	◯h/月　◯%	A/B/C	◯◯スキル	＊＊加工機
	◯h/月　◯%	A/B/C		

6-1-1 業務項目の棚卸し

まず、業務の項目・流れを「棚卸し」して一覧にしていきます。この際、業務の粒度の大小関係を意識しながら整理すると、網羅的かつ粒度のそろった一覧表になります。

粒度については、次のようなサイズ感を目安に定義・整理していくと分かりやすいでしょう。

（業務の項目・流れ）				
部門（組織）	大分類（種別）	中分類（業務）	小分類（工程）	業務内容（作業・動作）
営業	新規営業	商談	資料準備	＊＊＊
：	：	案件管理	案件登録	＊＊＊
：	：	：	進捗情報更新	＊＊＊
経理	経理	経費処理	経費申請受領	＊＊＊
：	：	：	入金処理	＊＊＊
設計	設計	基本設計	要件定義	＊＊＊
：	：	：	構想検討	＊＊＊
製造	製造	部材加工	下処理	＊＊＊
：	：	：	一次加工	＊＊＊

部門単位：部署・部門単位（「○○部」「○○課」のような組織の構成単位）
大分類：業務種別単位（各部門が担っている業務を大まかに定義したもの「○○関連業務」のような呼び方をする単位）
中分類：業務単位（各担当者が分担する程度の業務単位。「○○業務」と呼び数時間～数日で完結するサイズ感）
小分類：工程単位（各業務を構成する作業工程を10項目前後に分解したもの。一つの工程は数分から1時間程度で区切れるようなサイズ感）
業務内容：作業・動作単位（各工程の中で行う作業や動作。一つひとつの分解が難しくなるレベル）

この業務一覧表を作成する際には、画面を共有しながらチームメンバーで列挙していくようなやり方が最も手軽です。しかし、いざやってみると最初から粒度感を整理するのは少し難度が高い面もあります。

その場合は、チームメンバーで集まり、「付箋紙」などを使って抽出し、類似す

る項目をまとめたり、粒度の大小を整えながら全体の構造を整理したりすると
いったやり方も有効です。

この段階で全てを完璧に抽出する必要はありません。ざっと眺めておおよそ網羅性があり、項目の粒度感や階層関係に大きな問題がなさそうであれば、次の段階に移行できます。

6-1-2 業務工数の推計

次に、各工程に対して業務工数を「推計」します。ここでは、あえて「推計」と表現していますが、それぞれの業務に対して、以下を「経験則的に」記入していくレベルで十分です。

まず、抽出した業務項目の一つひとつに対して以下をざっと検討します。

・1回あたり業務時間：1回の業務に要する時間（単位：時／回）
・月あたり実施回数：1カ月にその業務を実施する回数（単位：回／月）

ここで、一つひとつの数値の精度を求めると、この工数の推計作業が全く進まなくなります。そのため、例えば1回の業務に1時間かかるのか、10分しかかからないのか（≒0・16時間／回）、5分もかからないのか（≒0・08時間／回）程度の感覚的な値をざっくり記入していきます。

さらに、月あたりの実施回数も同様です。月次であれば当然1回／月、週次であれば、4回／月、年次であれば0・1回／月というように記入していきます。

これらをかけ合わせることで、各業務の「月あたりの業務時間（時／月）」が算出できます。

・1回あたりの業務時間（時／回）× 月あたりの実施回数（回／月）＝月

あたりの業務時間（時／月）

さらに、各項目で算出した業務時間の総和を１００％とすれば、各業務の「構成比率」を導くこともできます。

次ページの表は本書後半で詳しく紹介するスーパーマーケットのベイシアにおける業務項目一覧の実例です。青果部門、鮮魚部門の業務を大分類、小分類と列挙したうえで、各項目に要する時間（分単位）とそれを60で割って人時《にんじ》（延べ何人が何時間費やしているか）に換算したものを一覧にしています（数値部分は加工しています）。

さらにその構成比を各表の最も右の列に記載しています。こうすることで、青果部門では約26％、鮮魚部門では約13％を要する「品出し」業務が、いずれの部門においても最も負担の大きい業務であると分かります。

鮮魚　店舗業務項目　　大分類7項目　小分類48項目

大分類		小分類				時間(分)	人時数	構成比
項目番号	項目名	項目名	項目番号	日・週・月	作業名			
1	移動	移動	1－1	日次	移動時間			1.8%
2	製造	刺身	2－1	日次	刺身盛合わせ			2.3%
2	製造	刺身	2－2	日次	刺身単品			3.8%
2	製造	刺身	2－3	日次	刺身加工(たこ、まぐろたたき)			0.8%
2	製造	刺身	2－4	日次	ツマ盛			0.1%
2	製造	詰め	2－5	日次	詰め物各種			9.5%
2	製造	切身	2－6	日次	大型魚おろし			8.7%
2	製造	切身	2－7	日次	冷凍切身加工			1.3%
2	製造	客注	2－8	日次	客対応の加工			2.1%
2	製造	マグロ	2－9	日次	マグロ解凍			0.3%
2	製造	マグロ	2－10	日次	マグロ柵取り			0.9%
2	製造	生寿司	2－11	日次	生寿司			7.4%
2	製造	生寿司	2－12	日次	丼ぶり各種(うどん)			0.9%
2	製造	生寿司	2－13	日次	寿司ネタ切り(当日)			1.3%
2	製造	検食	2－14	日次	検食			0.0%
3	品出し	仕分け	3－1	日次	荷卸(1便)			0.8%
3	品出し	仕分け	3－2	日次	荷卸(2便)			0.6%
3	品出し	品出し	3－3	日次	78加工品品出し			6.7%
3	品出し	品出し	3－4	日次	値付け品出し			13.0%
3	品出し	品出し	3－5	日次	生寿司値付け品出し			1.5%
3	品出し	商品整理	3－6	日次	商品整理			2.9%
3	品出し	売場変更	3－7	日次	売場変更、POP設置			1.9%
4	仕込み	仕込み	4－1	日次	切身仕込み			5.9%
4	仕込み	仕込み	4－2	日次	刺身仕込み			3.7%
4	仕込み	仕込み	4－3	日次	詰め仕込み			2.0%
4	仕込み	仕込み	4－4	日次	ツマ盛仕込み			1.2%
4	仕込み	仕込み	4－5	日次	バラ販売仕込み			0.8%
4	仕込み	仕込み	4－6	日次	生寿司仕込み			2.6%
5	売場管理	見切り	5－1	日次	見切り			2.5%
5	売場管理	指示	5－2	日次	指示出し(製造数調整など)			0.7%
5	売場管理	鮮度チェック	5－3	日次	鮮度チェック(11時、15時)			2.1%
5	売場管理	売価管理	5－4	日次	売価変更			0.1%
5	売場管理	発注	5－5	日次	発注			0.8%
5	売場管理	発注	5－6	週3	トレー発注、仕舞い込み			0.8%
5	売場管理	発注	5－7	日次	売上確認			0.1%
6	片付け	片付け	6－1	日次	片付け（作業後の片付け・ゴミ捨て）			2.1%
6	片付け	クリンリネス	6－2	日次	作業場清掃(寿司・床)			0.3%
6	片付け	片付け	6－3	日次	冷蔵庫・冷凍庫整理			1.0%
6	片付け	片付け	6－4	日次	まな板洗浄			2.9%
6	片付け	片付け	6－5	日次	仕舞い込み			0.3%
7	事務作業	朝礼	7－1	日次	朝礼			0.2%
7	事務作業	書類	7－2	日次	入荷検収			0.1%
7	事務作業	書類	7－3	日次	でんめーる確認			0.8%
7	事務作業	書類	7－4	日次	予算表・利益管理表入力			0.1%
7	事務作業	報告	7－5	週1	棚卸し			
7	事務作業	書類	7－6	週1	品番移動計上			
7	事務作業	計画	7－7	月次	予算表作成			
7	事務作業	計画	7－8	月次	月次勤務作成、日別作業パターン登録			
合計								100.0%

週1・月次業務項目は、構成比から除外

青果 店舗業務項目　　大分類6項目 小分類38項目

大分類		小分類				時間(分)	人時数	構成比
項目番号	項目名	項目名	項目番号	日・週・月	作業名			
1	移動	移動	1－1	日次	移動時間			6.6%
2	製造	詰め	2－1	日次	袋詰め、パック詰め			5.1%
2	製造	野菜加工	2－2	日次	野菜カット			8.8%
2	製造	野菜加工	2－3	日次	蘇生			0.3%
2	製造	果物加工	2－4	日次	カットフルーツ			4.4%
2	製造	焼き芋	2－5	日次	焼き芋製造、袋詰め			1.2%
2	製造	手直し	2－6	日次	手直し			1.2%
3	品出し	荷受	3－1	日次	商品引き込み			0.9%
3	品出し	仕分け	3－2	日次	蘇生庫整理			1.8%
3	品出し	仕分け	3－3	日次	前口移動			0.6%
3	品出し	仕分け	3－4	日次	ピックアップ/積み替え			1.0%
3	品出し	品出し	3－5	日次	値付け			3.6%
3	品出し	品出し	3－6	日次	商品品出し			26.1%
3	品出し	商品整理	3－7	日次	商品整理			6.1%
3	品出し	売場変更	3－8	日次	売場変更			0.4%
4	売場管理	売価管理	4－1	日次	POPメンテナンス(デジプラ)			0.5%
4	売場管理	売価管理	4－2	日次	売価変更			0.6%
4	売場管理	確認作業	4－3	日次	品出し状況の確認			0.1%
4	売場管理	見切り	4－4	日次	見切り			8.1%
4	売場管理	指示	4－5	日次	指示出し			1.2%
4	売場管理	鮮度チェック	4－6	日次	鮮度チェック(11時・15時)			0.5%
4	売場管理	発注	4－7	日次	発注(特売、市場、EOS)			5.7%
4	売場管理	発注	4－8	週3	トレー発注、仕舞い込み			1.2%
4	売場管理	発注	4－9	日次	売上確認			0.3%
5	片付け	片付け	5－1	日次	片付け（作業後の片付け・ゴミ捨て）			9.7%
5	片付け	クリンリネス	5－2	日次	作業場清掃			0.2%
5	片付け	片付け	5－3	日次	仕舞い込み			0.4%
6	事務作業	朝礼	6－1	日次	朝礼			0.1%
6	事務作業	書類	6－2	日次	入荷検収			0.4%
6	事務作業	計画	6－3	日次	製造計画			1.1%
6	事務作業	報告	6－4	日次	クレーム報告			0.4%
6	事務作業	書類	6－5	日次	予算表・利益管理表入力			0.0%
6	事務作業	書類	6－6	日次	でんめーる確認			0.5%
6	事務作業	書類	6－7	日次	引継ぎ書の作成			0.8%
6	事務作業	書類	6－8	週1	web伝票の発行・確認			
6	事務作業	報告	6－9	週1	棚卸し			
6	事務作業	計画	6－10	月次	予算表作成			
6	事務作業	計画	6－11	月次	月次勤務作成、日別作業パターン登録			
合計								100.0%

週1・月次業務項目は、構成比から除外

ひとまずの推計であればここまでの算出方法で十分ですが、さらに精度を高めたい場合は検算（チェック）もできます。これまでは、各業務の時間と回数をかけあわせて業務時間を算出し（次ページ図中のA）、全体を積み上げていくアプローチでした。全業務を積み上げた総和は、理論的には部門全体の業務時間に一致するはずです。

しかし、当該部門の従業員数と月あたりの稼働時間を単純に掛け合わせると、積み上げによる全業務時間と一致しないことが多々あります。これは、積み上げ方式では抽出しきれない非定型業務や会議、有給休暇といったものが少なからず存在することに起因しています。一つひとつの業務工数の見積もりが「甘い」といったこともあり得ます。

そこで、そのズレを補正するために「積み上げにより算出した業務構成比」と「稼働時間ベースでの全体業務時間」を掛け合わせることで、月あたりの業務時間を算出し（図中のB）、補正値として用いることも可能です。いずれにせよ、Aも

積み上げでの試算値を基本にしつつ、全体稼働時間からの補正もする

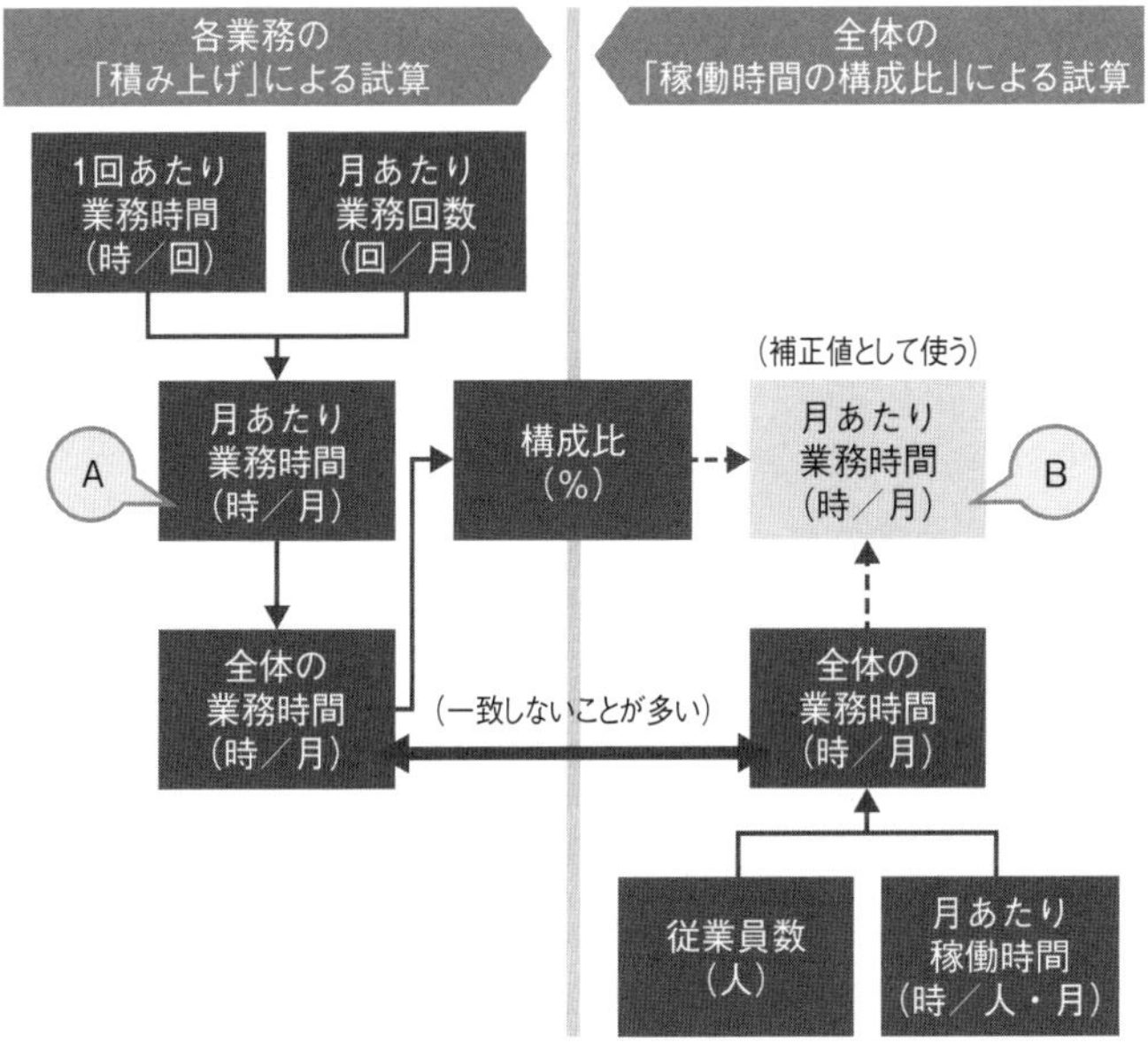

Bもあくまでも推計の域を出ない、どちらも完全に正確ではないものです。より妥当と思われる数値を用いることが望まれます。

さらに、ここからより正確な業務時間を算出したい場合は、実際に業務やスタッフを部分的に抽出（サンプリング）し、カメラやストップウォッチを用いて実測する方法もあります。デスクワークにおいてはパソコンの操作ログやカレンダーデータから測定する方法もあります。いずれにせよ、調査に要するコストとそこから得られる精度のメリットを比較しながら実施の要否を判断する必要があります。

6-1-3 業務難度を定義し必要スキル／必要ツールを整理

次に、各業務の「難度」と「必要スキル」「必要ツール」の整理をします。

「難度」は、難しい／普通／簡単といった分類をしがちですが、少し違った視点を加えて整理することをおすすめします。具体的には次の通りです。

A：感覚型業務：不確実性が高く、経験や知識からつど高度に判断すべき業務（非定形・属人的）

B：選択型業務：型をいくつかに絞ることができ、条件に応じて手順を選択すべき業務

C：単純型業務：手順が明確で、手順を知っていれば誰でもできるべき業務（定形・一般的）

それぞれ「べき」と強調しているのは、今現在の状況ではなく将来的にどうありたいかという方針を基に分類することが重要であるとの意図を込めています。一つひとつの業務を「これは、Aタイプだろうか、Cタイプだろうか」と議論する過程で、その会社がどのような考え方でオペレーションしていくかという企業としてのポリシーも浮き彫りになってきます。

この表は、各業界での分類例を示したものです。右の2列はあえて「高級寿司店」と「チェーン寿司店」を並べました。

例えば1店舗（あるいは数店舗）で展開する高級寿司店は、営業日当日の朝に市場で仕入れた厳選素材を使い、熟練の板前の手さばきで一貫一貫を握っていくスタイルのイメージです。この店では、板前の技術や知識が生み出す絶品の寿司が重要であるため、板前はさらに腕を磨き高みを目指していきます。言い換えると、属人的な技術をさらに属人化することを求めるビジネスモデルとなっています。

難易度区分	分類例：製造業	分類例：小売業	分類例：高級寿司店	分類例：チェーン寿司店
A：感覚型	・精密な職人技 ・初見のトラブル対応	・すご腕のセールストーク ・バイヤーの目利き	・寿司の調理 ・常連さんとの会話	・（あえて設けない）
B：選択型	・基本的な加工 ・通常のトラブル対応	・売場づくり ・接客応対	・通常の接客応対	・通常の接客応対
C：単純型	・機械清掃 ・作業準備、片付け	・品出し ・レジ操作	・開店準備 ・下ごしらえ	・寿司の調理 ・開店準備 ・下ごしらえ

対してチェーン寿司店は「いつ、どこの店に行っても、同じ価格で同じ品質の寿司を食べられる」という安心感・安定感がビジネスのコアとなっています。素材調達でも「各店長が地元の市場でそれぞれ仕入れる」ことはせず、全店舗に安定して供給できるようにまとめて調達する場合が多いでしょう。調理においても少数の板前に頼るのではなく、品質と効率を両立できる機械（例えばシャリを一定のサイズに握る機械）を導入したり、調理マニュアルを展開してスキルを平準化したりすることで、アルバイトスタッフでも調理できる部分を増やし、規模と品質と価格のバランスを取った経営を実現しています。属人化しそうな部分があるとしても、さらに「しくみ」に磨きをかけてその要素を減らしていくビジネスモデルです。

このように、業務のＡＢＣの分類結果は、企業の経営形態や事業運営のポリシー次第で全く別のものになります。

「この業務はこれまでＡ（感覚型）だと思っていたが、本来的にはＣ（単純型）

であるべきだよね」といった前提からあらためて議論する機会をつくるのがいいでしょう。これまで筆者が同様の業務分析をした際の経験則としては、平均で**A（感覚型）が全体の約20％、B（選択型）とC（単純型）が約80％**でした。「私の仕事は私しかできない」と内心はAに分類したいところでも、客観的に見ればそれはBやCであるべきと言われることも少なくありません。ぜひ、チームのメンバーで議論を重ねてほしいところです。

こうして選別されたABCの分類結果は、この後の標準化、単純化、徹底化などを進めるうえでの取り扱いが全く異なってきます。

【A：感覚型業務】

今後もさらに専門的な知識・経験・技術を伸ばし、その人独自の強みとして磨いていく（＝属人的であることを許容する）ことが望ましい。標準化が難しい領域でもあることから、この領域の標準化は積極的にはせず（＝したとしてもコストも時間も要するために標準化活動のコストパフォーマンスが悪い）、むしろ経験を増やすための場数を増やす。

【B：選択型業務とC：単純型業務】

組織全体で標準的にできるようにすべき業務である。現時点では属人的な部分が残っていても、少しでも減らせるように、**BまたはCの部分から優先的に標準化、単純化、徹底化する**ことが重要である。全体においても、BとCを合わせると約80％程度の業務がここに区分されると推測されるため、組織全体に与えるインパクトは大きく、標準化活動のメリットも大きい。

次に、各項目に求められる「スキル」を記入していきます。人事関連部署が作成する「スキルマップ（個々の従業員がどのスキルをどの程度有しているかの一覧表）」がある場合はそれを用いてもいいですが、業務一覧表とひも付けて整理する場合は、あくまでも「**特定の業務に求められる特別なスキルや技能のみ**」を表中に記入していきます。

例えばパソコンスキル、コミュニケーションスキル、プレゼンテーションスキルなどは、ビジネスパーソンにとって必要なスキルです。しかし、それらの「汎用スキル」を業務とひも付けて管理しようとすると、全ての業務に必要なスキルであるため収拾が付かなくなってしまいます。

特定のシステムを使う、特定の機械を操作する、特定の権限を有して実行するなど、資格・免許・認定などで裏付けられるスキルのみを一覧表に書き込んでいくので十分です。

スキルと同様、業務に必要な道具・設備などがある場合についても記載します。特に台数の制限などなく、いつでも使える汎用ツールについては記載しません。

台数の制限があるもの：業務が一気に集中すると台数不足がネックになる
操作に特定のスキルが求められるもの：操作できる人の確保がネックになる
利用に際して大きなコストのかかるもの：利用回数をできるだけ減らすこと

が望まれる

更新や修理により大きなメリットが期待できるもの：潜在的な非効率さを抱えている

これらに該当するツールがある場合のみ、業務一覧表に追記していきます。

これらの流れを経て作成された「業務一覧表」を用いて、「業務の項目・流れ（プロセス）」を基軸に「時間」「ヒト」「モノ」を一元的に把握することができたら、標準化のステップに進みます。

ルールやモラルの浸透度を可視化するには？

次のステップに進む前に、ここで1階部分の「原則や前提」の理解状況や浸透状況の可視化ついて考えてみましょう。この部分は、これまで見てきた業務のプロセスや工数よりもさらに定性的であり、把握が困難です。そこで取り得る手段としては「従業員アンケート」が最もオーソドックスですが、アンケート調査は誰にどのように何を聞くのかというテクニック面の難しさもあります。ここでは、筆者が用いている「組織生産性サーベイ」の設問の考え方を使って「原則や前提の浸透度」を測る方法について考察を深めます。

仮に「組織の生産性を高めたいですか」「業務のオペレーション効率を高めたいですか」という質問をストレートにぶつけると、おそらくほぼ全社員が「はい」と回答するでしょう。逆に「生産性を下げたいですか」と聞けば、当然「いいえ」という回答しか返ってきません。

アンケートをする際は原則を認識・意識しているかどうかという聞き方ではなく、その認識や意識をどの程度強く持ち「生産性向上につながるような行動を、どの程度起こせているか」という行動の側面に着目した設問が有効です。

これを「組織（企業）⇕現場・個人」の縦軸と、「付加価値創出⇕業務効率化」

の横軸の4象限で考えると、それぞれに関した設問の観点をカテゴライズできます。

組織開発（図右上）：会社やチームのアウトプット（付加価値）を最大化する行動が取れているか

人材開発・育成（図右下）：個人のアウトプット（付加価値）を最大化する行動が取れているか

組織オペレーション変革（図左上）：会社やチームのインプット（投入資源）を最

生産性向上につながる企業活動

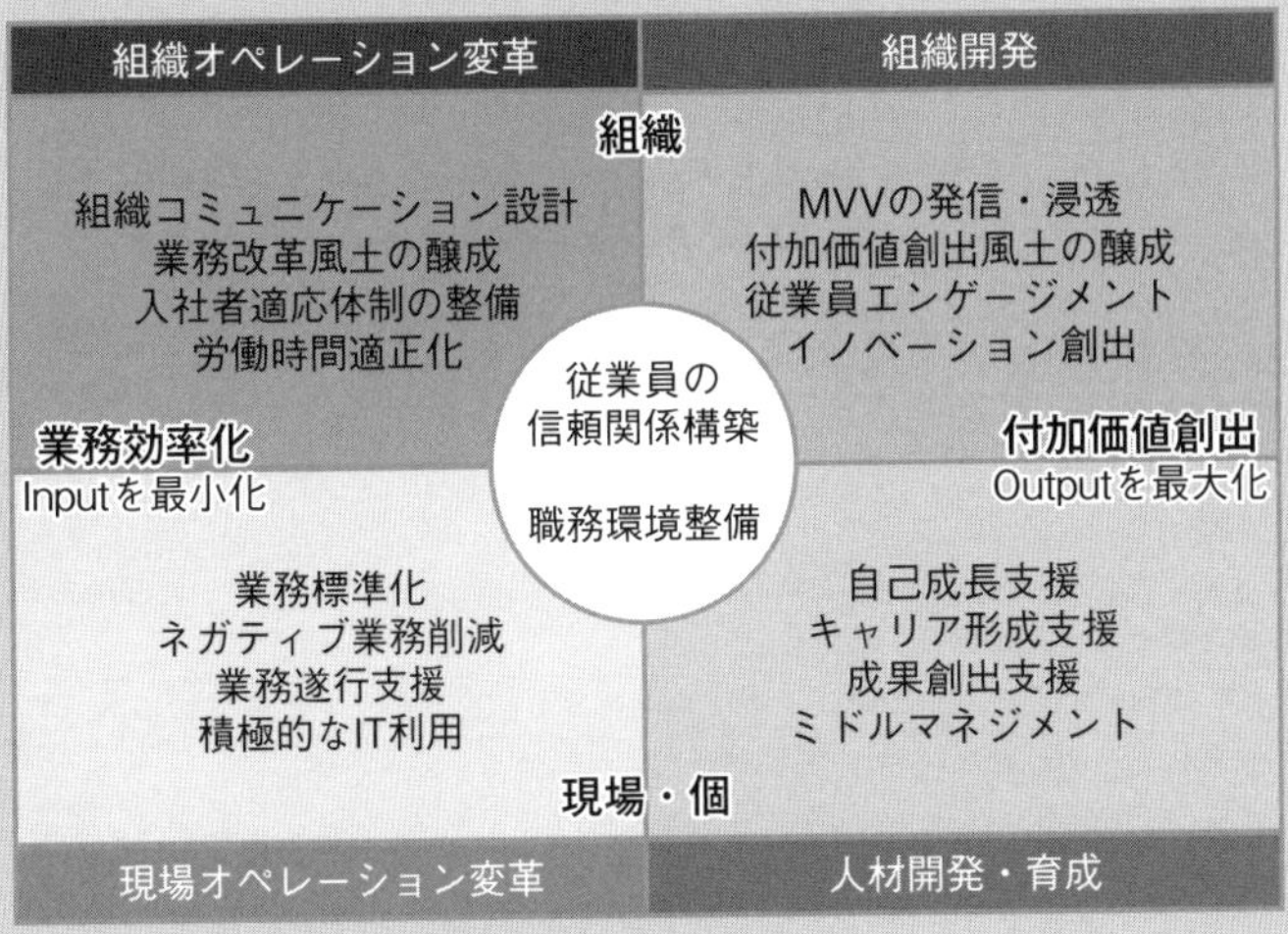

	測定項目
	付加価値創出意欲に満ちていて、互いに認め合いながら成果を出すことができる風土があること
	自社のミッションやビジョン、経営理念を、組織のメンバーが理解し、業務の中で体現していること
	組織のメンバーが自社や自組織で働くことに誇りを持っていて、個と組織が良い関係を築いていること
	組織やメンバーのイノベーション創出への意識が高く、常に新しい何かを生み出そうとしていること
	組織・周囲からの成長支援が充実していて、成長を実感しながら働くこと
	会社や組織からのキャリア形成支援が充実していて、安心してキャリアを積むことができること
	成果を出すための支援が充実した組織の中で、安定して成果を出せること
	上司のマネジメント力が優れていて、組織運営やメンバーへの関わり方、業務割り当てが適正であること
	組織のコミュニケーション設計が適切で、上位役職者・上司・同僚との円滑な対話ができること
	ムダなくムリなく効率的に業務を行うことができる環境や風土が整っていること
	過大な業務量がなく、適正な労働時間の中で成果を出すことができること
	新しく入ってきた人でもスムーズに適応できる体制と職場環境が整っていること
	「定常」業務が適正な形で標準化・非属人化されていて、整ったオペレーションで業務が回っていること
	トラブルやクレームが少なく、何か起きたとしてもスムーズに対応できる体制が整っていること
	上司や周囲の業務遂行支援が充実していて、困ったときでもスムーズに問題解決を図ることができること
	ITを積極的に活用することにより、生産性高く業務を行うことができること
	従業員同士の信頼関係が築けていて、安心して働くことができること
	心地よく働ける職務環境(オフィス環境やツール、備品)が整備されていて、生産性高く業務を行うことができること

生産性向上につながる18項目の企業活動

領域		
付加価値創出	組織開発	付加価値創出風土の醸成
		ミッション・ビジョンの浸透
		従業員エンゲージメント
		イノベーション創出
	人材開発・育成	自己成長支援
		キャリア形成支援
		成果創出支援
		ミドルマネジメント
業務効率化	組織オペレーション変革	組織コミュニケーション設計
		業務改革風土の醸成
		労働時間適正化
		入社者適応体制の整備
	現場オペレーション変革	業務標準化
		ネガティブ業務削減
		業務遂行支援
		積極的なIT活用
共通		従業員の信頼関係構築
		職務環境の整備

小化する行動が取れているか

現場オペレーション変革（図左下）：個人のインプット（投入資源）を最小化する行動が取れているか

これらの各象限を細分化することで、どの領域の行動が取れているのか／取れていないのかを俯瞰《ふかん》して捉えるアンケートの基本構造ができます。これらの観点を全て取り入れたアンケートを設計してもいいでしょうし、簡素化するのであれば各測定項目を概略的に把握できるような項目に整理し直してもよいでしょう。

いずれにせよ、原則や前提の認識、意識の強さの可視化は難しく、こうした行動の状況を基にアンケートを実施し、概略的でも構いませんので状況を把握することが望まれます。

6-2 STEP 2 標準化：「型」に落とし込む

6-2-1 標準が決まらない理由

「標準化をしなければならないが、なかなか進まない」

標準化（Standardization）は文字通り、会社の基準・スタンダードを決めることを意味します。標準化活動を推進する企業の多くが「標準化委員会」のような活動をして、これまでバラついていた社内のルールやプロセスをまとめるために時間をかけています。

その活動では多くの関係者が集まり議論を重ねるものの、なかなか着地点が見いだせず、時間ばかり過ぎることがままあります。そして冒頭のように「なかなか進まない」という膠着状態に陥ります。その原因は、大きく分けると次のようになります。

【100点満点の理想像を追求しすぎる】

「標準」という言葉の持つ印象から「最高の絶対解」を導かなければならないというプレッシャーがかかってしまいます。ここでの「最高」とは「あらゆるムダがなく洗練された究極形」かつ「今後未来に渡って改訂の必要のない最終形」というニュアンスを含みますが、果たしてそのような結論に到達できるでしょうか。

社内外の状況が目まぐるしく変化する中で、将来を完璧に見通すことは不可能です。「議論を重ねるものの、何も決まらないままの状態（＝0点）」よりは「60点でもいいからまずは『自社ベスト』を標準として型に落とし込み、常に改善と改定を重ねながら100点に近付ける」のがあるべき姿です。

身近な例で言えば、パソコンなどで使われている「USB規格」が挙げられます。USBには様々なタイプ（Type-A、Type-B、Type-C、Micro、Miniなど）があり、技術的な仕様やコネクター部分の形状が異なっています。そこに究極の「絶対解」があるわけではなく、標準化といってもその時々で進化・

変化しながら運用されています。

社内でも同様です。絶対解を狙うあまり、何も決まらない状態では意味がありません。その時点での自社のベストを定めて運用しながら、進化・進歩していくのが標準化のあるべき姿です。

なお、リーンオペレーション実現のフレームワークにおいて、「STEP２：標準化」と「STEP３：単純化」の順序が逆ではないかとの見方もあります。業務を単純化したうえで標準を定めないとムダを含んだままの標準となるため、単純化を先に実行すべきだとの見方です。

それも一理ありますが、本書では「まずは60点でも標準を決めることが重要」「決めた標準に対して、単純化の視点を加え続けること（サイクルを回すこと）が重要」との観点から、あえて標準化をSTEP２と位置付けています。

【全方位的に進めようとしすぎ】

そもそもどの範囲を標準化すべきでしょうか。一方で、標準化しないものとは何なのでしょうか。この線引きをあいまいにしたまま標準化の議論を始めると、「本来は標準化すべきでない部分についての不毛な議論」に気付かず突入することがあります。例えば飲食店において「顧客との何気ない会話・接客はスタッフ一人ひとりの個性に任せたい（＝標準化すべきではない）」と考えているにも関わらず「接客トークを標準化しよう」といった矛盾した議論が往々にして起こり得ます。この落とし穴を理解し、どこを標準化すべきか、標準化すべきでないかという認識を共有したうえで進めます。

その際「標準化推進派」と「標準化反対派」のような構図になりやすいことも注意しなければなりません。あくまでも業務単位で「標準化すべき部分は進め、そうでない部分はしない」という冷静な議論が重要です。

【過去の経緯に引きずられすぎている】

標準を定めるにあたって、社内に存在する「流派」がそれぞれの考え方を示し、最適解を選んだり、折衷案を見いだしたりするような議論の進め方をするケースがあります。この際、過去の経緯がクローズアップされすぎるのは望ましくありません。例えば「先代社長の時代からこうしてきた」のように、企業の歴史的背景がある場合、それが「聖域化」し、標準化すべきかどうかの判断にブレーキがかかることがあります。

あくまでも、標準化は「未来に向けた意思決定」です。過去の経緯へのリスペクトはしつつも、望ましい未来の姿を勇気を持って描くことが求められます。

6-2-2 何について決め、どうまとめていくか

標準化は何のためにするのでしょうか。

一言で言えば、**業務に対して「合理性」と「再現性」を持たせる**ためです。

合理的ではないムダ・ムラ・ムリを含んだ状態の業務はよくないですし、組織内で再現性がないまま場当たり的な状態を続けるのもいけません。

まずは「合理性＝業務におけるムダ・ムラ・ムリがなく、高効率・高品質のやり方」を検討する観点を掘り下げていきます。

この際、決めるべきポイントが**「道具＋動作＋手順」と「スキル」および「時間」の5つ**です。

道具：どのような道具・ツール・システムを使って

・名称：社内での呼称を統一しないと、誤認識につながる可能性もある
・仕様：必要な機能・性能を有した道具を配備しないと、そもそも業務ができない

動作：どのような動き・操作で
・姿勢：カラダの位置、向き等を定める
・動作：どちらの手を、どう使うか
手順：どのような順番・流れで
・流れ：何から始めて、何をして、何をすれば終わりなのか
・完了要件：どういう状態になるまで
スキル：どのようなスキル・技能・資格を有した人が
・スキル要件：要件に満たない人の実施までは想定しない
時間：どのくらいの時間をかけて
・工数：どのくらいの時間をかけて
・期間：どのくらいの期間（リードタイム）で
・時期：どのタイミングで

イメージしやすいのは飲食業における調理方法の標準化の例です。複数店舗を運営するチェーンの飲食店の場合、レシピ（食材の分量や調理手順）だけでなく、

キッチンの設備や道具も同じような仕様・性能のものを使い、動作や手順を定めます。一定のスキルが求められる調理工程では、社内認定を受けた人のみが調理を許される場合もあります。そして、標準的な調理時間が設定されています。

同様に、各業務に対しても（全項目を検討する必要はなく、必要な観点に絞って）どのように標準化すべきかを議論していきます。飲食業や小売業、製造業など「人の動き」を多く含む業務においては、その業務をある程度マスターした担当者を3人程度ピックアップし、それぞれのやり方をビデオなどに撮影・比較し、最も優れた人の方法を標準として規定するのも有効です。

なお、繰り返しになりますが、重要なのはその時点での「自社ベスト」と思われる60点を決めること、標準化をすべきでない業務は対象としないこと、そして未来に向けた建設的な意思決定をすることです。

次に、合理性と再現性のうちの「再現性」についても掘り下げます。再現性がある状態とは、以下のような条件を満たした状態です。

誰でも：特定の誰かに依存（属人化）することなく
いつでも：タイミングに左右されず
どこでも：拠点等が複数あったとしても
何度でも：再現性のある状態で

標準化を決める議論を経たアウトプットを「どのようにまとめるか」は、再現性をもたせられるかどうかに尽きます。単純な文書に規定することは最低限必要ですが、できれば「業務手順書」「業務マニュアル」のような形式にまとめておきます。

マニュアルを整備する際、フォーマット（様式）をつくり込んだりITシステムを活用したりはもちろん有効ですが、いったんはラフにマニュアルの文書をまとめるケースもよくあります。

基礎作業　手順書

ダンボールの開け方・崩し方

道具

なし

作業時間

1箱を　2秒で　開ける

手順

ダンボールは　手で　開ける

補足

カッターを使わなくても簡単に開けられます
テープはすべて外さなくても大丈夫です
品出し後は崩して空きダンボール置き場へ

写真

①側面を押す

②テープをはがす

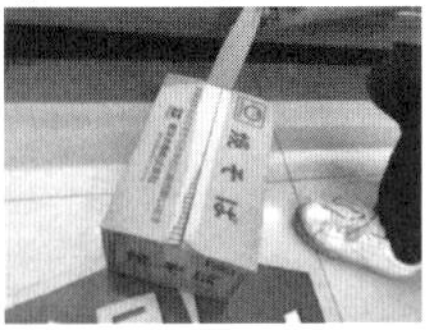

③開ける

④同じ方法で崩す

10

これは後の章で紹介するベイシアが、業務標準化の初期段階で作成した「作業手順書」です。Ｅｘｃｅｌのシンプルなフォーマットですが、道具、動作、手順、時間（スキルについては特に必要ない業務）について網羅的に記載されています。写真も使われているため第三者が見ても非常に分かりやすくなっています。ベイシアは後にマニュアルをクラウド化していますが、初期段階ではこうしたまとめ方をするのも一定程度有効です。

6-3 STEP 3 単純化：4層のフィルターでムダをろ過する

6-3-1 業務のムダを削ぎ落とすには

「単純化」とは、業務に潜むムダを削ぎ落としていく作業です。とはいえ、多くの場合はムダと認識されていないため、まずはムダをあぶりだす作業が必要です。

では、業務の中にはどのようなムダが潜みやすいのでしょうか。それは、私たちが業務の中でちょっとしたストレスや面倒を感じる行為であるとも言えます。
具体的には以下のようなものがあります。

探す：必要な物品や情報を、数あるものの中から探すこと
迷う：次に何をすべきか、どこに行くべきか分からず迷うこと
書く：情報を紙やパソコンに書いたり入力したりすること
数える：物品などの個数を数えること
歩く：ある地点からある地点まで移動すること
待つ：次の業務に着手できずに、物品や情報の到着や完成を待つこと
持つ：物品を手で保持し、別の場所に移動させること

これらの行為は、あらゆる場面に潜んでいます。

最初のうちは面倒だと感じても、繰り返すうちに次第に慣れ、面倒であることを当たり前に感じるようになります。しかし、本質的に**これらの行為は何も生み**

出していません。

例えば製造業は、シンプルに言えば「ある材料を加工し、組み立てることで価値ある製品をつくる」仕事です。材料に対する様々な加工（切断、切削、研磨、接着、塗装……）は付加価値を高めるための生産的行為ですが、前述のような「探したり、迷ったり、書いたり……」といった行為で製品の価値が上がるわけではありません。「スムーズにつくれば１万円の製品」が「途中で迷いながらつくったから１万５０００円」になることは許されません。

では、こういったムダが業務の中に潜んでいるとして、どうすればそのムダをあぶりだせるでしょうか。

そのために必要なのがムダをあぶりだす「視点（切り口）」です。一般的には「ＥＣＲＳの法則」とも言われますが、本書では次の４つと定義します。これらは、なくす→減らす→寄せる→任せるの順にインパクトが大きいため、この順で考えます。

なくす：そもそも、その業務自体をなくす（10→0）

減らす：業務の量や回数を減らす（10→5）

寄せる：分散・分割されているものを一つにあわせる（1＋4→5）

任せる：やり方や道具を変え、業務を手放す（5→0）

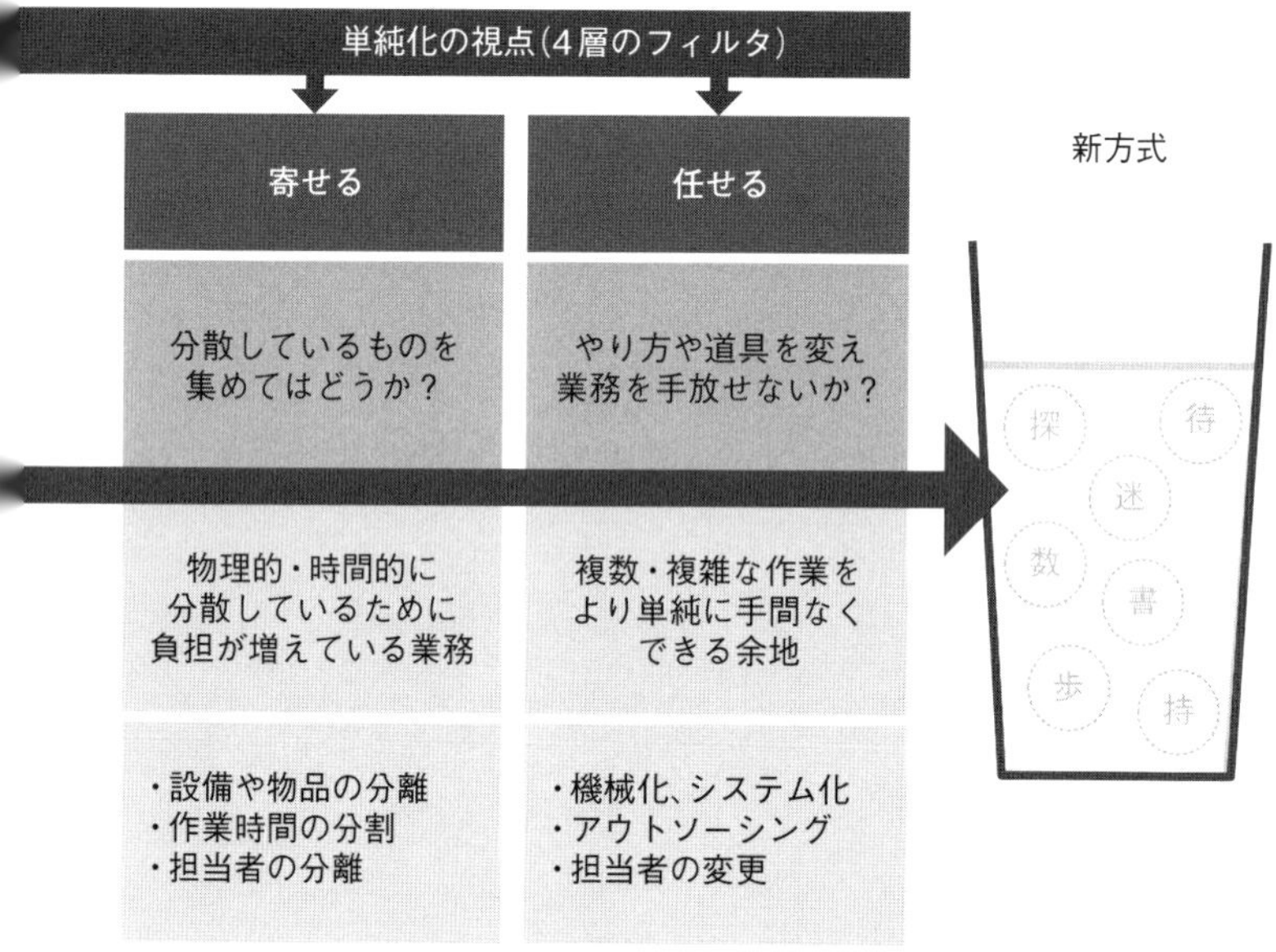

ムダを含んだままの方法(旧方式)から、ムダを極力排除した新しい方法(新方式)に変えていく単純化のプロセスは、「濁った水を4層のフィルターでろ過していく」イメージで考えると分かりやすいでしょう。目に見えるゴミや見えない不純物を、なくす、減らす、寄せる、任せるの4つの観点で精査することで、ムダのないキレイな状態に近づいていきます。

非効率な旧方式の業務のやり方に対し、4つの視点から単純化の可能性を探る

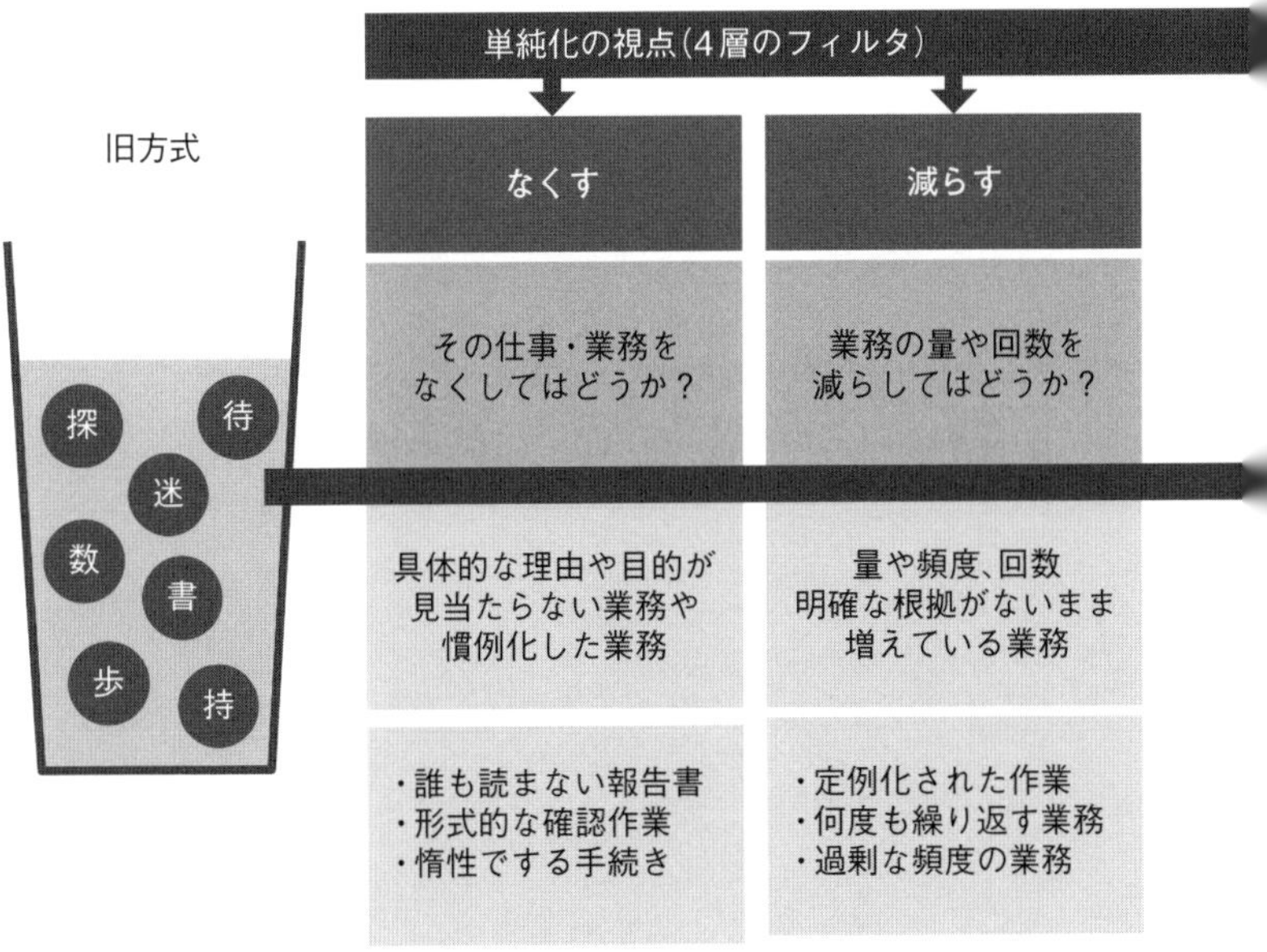

具体的な業務例として、郊外の大型スーパーマーケットをイメージして考えてみましょう。

あなたは清掃担当スタッフの一員として、この駐車場の巡回清掃を1日3回行っているとします。これまで丁寧な清掃を心がけてきており、ゴミ箱、植栽、電灯、通路など天候や季節に関わらず毎日くまなく掃除しているとします。ところが、この清掃業務にはたくさんのムダが潜んでいます。

探す：ゴミが落ちていないか、特に汚れたところはないかを探す

迷う：駐車状況によってどこから清掃するかをいつも迷う
書く：清掃報告書を毎回紙に書いて提出している
数える：清掃用具の残数・残量を毎日集計し、不足があれば追加手配する
歩く：天候に関係なく駐車場の端から端まで歩く
待つ：清掃報告のためにマネジャーの業務の合間をいつも待つ
持つ：清掃用具や回収したゴミを重い台車で運ぶ

このようなストレスや面倒を抱えていますが、それが当たり前になっている面もあります。さて、この清掃業務を単純化するとしたら、どのようにできるでしょうか。４つの視点から可能性を考えてみます。

なくす：そもそも、その業務自体をなくす（10→0）
・（業務をなくす）そもそも「駐車場の巡回清掃」自体をなくしてもよいのでは？
減らす：業務の量や回数を減らす（10→5）

・(回数を減らす)清掃の回数を1日3回から1日1回朝のみに減らしてもよいのでは?

・(範囲を絞る) 清掃範囲を「ゴミ箱の確認」だけに絞り、植栽内や通路の確認を減らしては?

・(対象日を減らす) 雨の日やその翌日は清掃しなくてもよいのでは?

寄せる:分散・分割されているものを一つにあわせる (1+4→5)

・(時間をまとめる)1日3回に分けていた作業を朝にまとめてはどうか?

・(場所をまとめる)駐車場の西端と東端にある用具入れを一カ所にまとめてはどうか?

任せる:やり方や道具を変えて業務を手放す (5→0)

・(探させない) ゴミ箱にセンサーを設置し、満杯になったら通知が来るようにすればよいのでは?

・(迷わせない) 駐車状況に関わらず清掃手順を変えないこととし、迷わなくすればよいのでは?

・(書かない)紙の清掃報告書は不要では?専用アプリで簡単に報告すれば

よいのでは？

・(歩かない、持たせない) 専用カートを使えば、歩く負担、運ぶ負担は減る？

・(任せる) 自動清掃機を導入し、人の手をかけない？

・(任せる) 外部の清掃業者に委託し、スタッフの業務からは除外する？

などが挙げられます。

これらが実際に実現可能かどうかはさておき、「なくす、減らす、寄せる、任せる」という4つの視点から現状の業務を単純化する可能性を幅広く検討すると、様々なアイデアが浮かんできます。ストレスや面倒にこそ改善余地が眠っています。そこを掘り下げると大胆な改善案が生まれてくるかもしれません。

6-3-2 Before/After、比較の落とし穴

単純化のアイデアが数多く出たとしても、その案を採用するかどうかの最終決定には慎重になります。例えば「そもそも駐車場の清掃をなくしてもいいのでは？」というアイデアが出たとしても、「さすがに店舗は清潔であるべきだし、ゴミがいつどこに落ちているか分からない。清掃は続けるべきだ」「でも、屋外だし来店客もそれほど気にしていないかもしれない。そうであれば人手をかけて清掃をしなくてもよいかもしれない」など意見が分かれることがあります。

このように「旧方式VS新方式の議論」はたびたび起こりますが、どのような観点で比較することがフェア（公平）でしょうか。

やや冗長ですが、図のように「旧方式をそのまま続ける**未来**」と「新方式に変えた**未来**」を比べる**未来志向型の比較**をすべきです。

旧方式から新方式に切り替えるためのコストも加味して考える

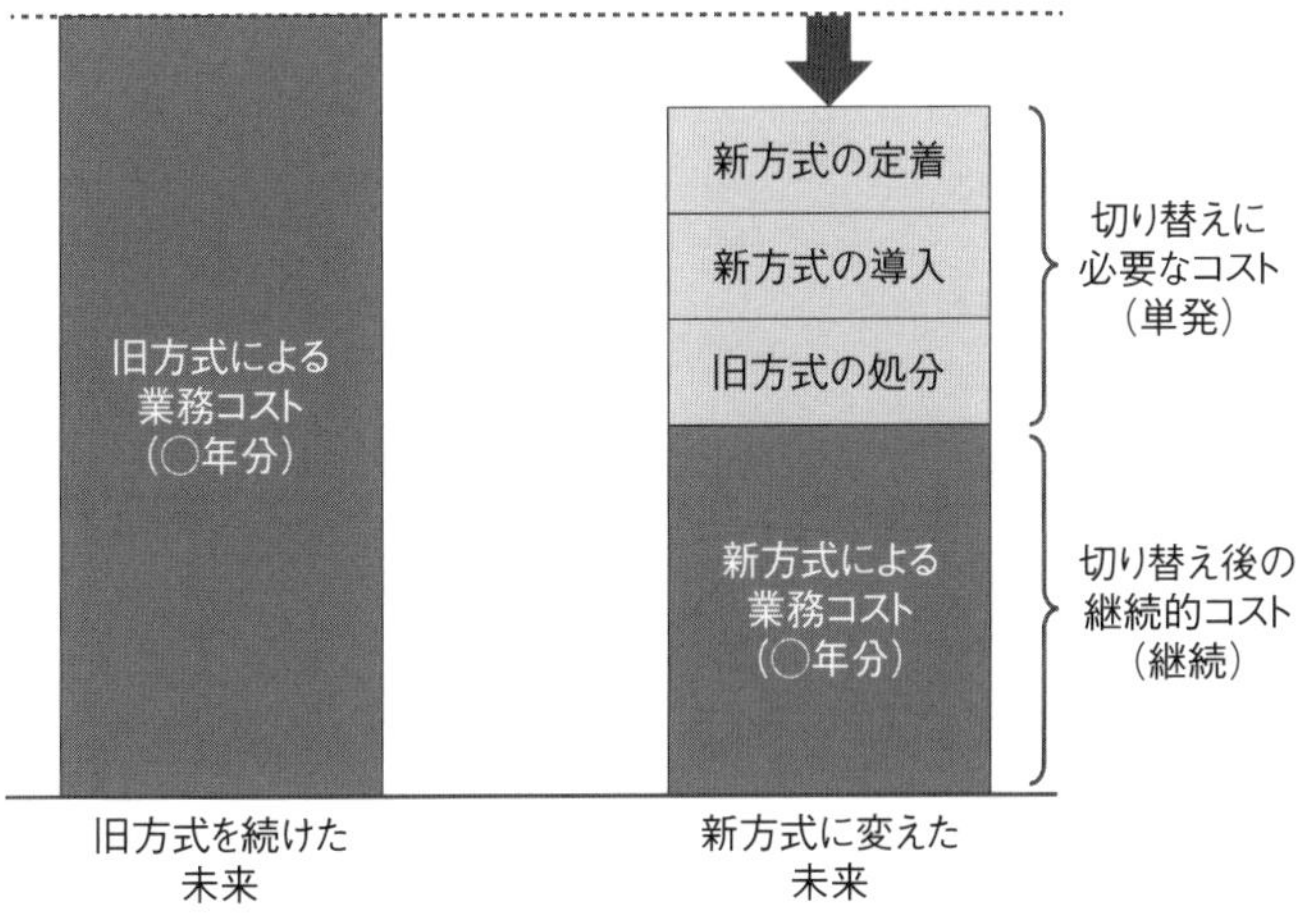

旧方式を続けるということは、旧方式のムダを含んだ状態で業務を継続することを意味します。その期間が長ければ長いほど、ムダに費やすコストも累積的に増えます。

対して、新方式に変えることで、そのムダを排除した状態の高効率な業務ができます。高効率、つまりコストの低い状態で業務を続けられるため、旧方式と比べた場合のメリットも累積的に大きくなります。

ただし、旧方式から新方式への切り替えに伴う負担（スイッチングコスト）も当然発生するため、それも考慮します。

旧方式の処分：旧方式で使っていた設備や道具、システムなどを解体・撤去・廃棄するコスト

新方式の導入：新方式で使うための設備や道具、システムなどを購入・設置・導入するコスト

新方式の定着：新方式での業務の進め方、道具の操作方法などを社内に定着させるために必要な研修や説明会、マニュアル配布などにかかるコスト

スイッチングコストは切り替え時のみ発生し、新旧の業務コストはそれぞれ継続的にかかるものです。比較する際は「〇年分のコスト比較」と比較対象期間を適切に設定することが必要です。

ここであらためて「未来志向型の比較をすべきだ」とした理由を補足します。新旧方式の議論で現れがちなのが「過去根拠型の反論」です。「過去がこうだったから」という主張が大きなパワーを持つと、よりよい未来の新方式に対する議論に強いブレーキをかけてしまいます。

礼儀：「清潔な店舗は小売店としての基本的な礼儀である」のような反論の余地のない意見。総論としては正しいが、具体的に清潔であるとはどう

いう状態をどれくらい保てばいいのか、それを保つにはどのような清掃作業が必要か、という各論・具体論レベルでの検討にブレークダウンすることが望ましい

歴史：「当社は歴史的に1日3回の清掃をしてきた。先代から長年続けてきたので今後も続けるべきである」という歴史的背景を根拠とした意見。歴史的背景にリスペクトはしつつも、あくまでも議論するのは今後どうするかという未来の話である

例外：「10年前にとんでもないゴミが落ちていたことがある。だから、そういう事態に備えて清掃を続けるべきだ」と、過去に発生した印象的・象徴的な例外事象（ハプニング）にクローズアップした意見。10年前に発生したということは10年間は起こっていないことである。極めて発生頻度の低い事案に備えるために、どの程度のコストを投じるのが望ましいかを冷静に検討すべきである

このような礼儀・歴史・例外のような「過去根拠型の反論」はキャリアが長い

上位職によってされることが多々あります。その発言力の大きさゆえに、旧方式から新方式への議論の場を「荒らす」ことにもなりかねない点に注意が必要です。

過去を軽視してよいということではなく、過去は過去として正しく振り返ったうえで、「どのような未来が望ましいのか」という未来に目を向けた公平な議論をすることが重要です。

6-3-3 負担と負担「感」

単純化の議論では、なくす、減らす、寄せる、任せるという観点で、業務内に潜むムダを徹底的に減らしていこうという思考になります。同時に業務に費やしているコストの面でも削減余地があればどんどん削っていこうという思考になります。

例えば電気料金が高騰を続ける中では、「電気代の削減」はどの企業にとっても喫緊の課題です。各社様々な電気代削減策をとります。例えば「蛍光灯の間引き」をするスーパーマーケットなどをよく見かけます。若干薄暗い印象は受けますが、そのうち慣れてしまい買い物自体に不便は感じません。

こうした顧客に影響する範囲よりも優先的に削減されるのが従業員に関する領域です。例えば店舗の営業開始前および営業終了後の準備や片づけの時間帯は、店内に従業員しかいません。そのため照明や空調を大幅に節約する対象になり得ます。「照明をわずかに点灯し、空調を停止した状態で開店準備や閉店後の片付けをすることで、電気代を大幅に削減する」という施策は、アリかナシのどちらでしょうか。

この施策案は「経済的負担は減るが、スタッフの負担『感』を増やす」ものです。そのため判断が困難です。空調を停止した状況での作業は、夏は暑く、冬は寒くなります。それを我慢する従業員もいるかもしれませんが、多くの場合は不快感が高まり、作業効率が低下し、場合によっては退職を考える一因になることもあり得ます。退職されると、募集・採用・育成のコストとなって後から跳ね返ってくることになり、節約した電気代など簡単に吹き飛んでしまうでしょう。

「単純化をして業務のムダをなくす」ことは、業務にかかる時間的・経済的な負担を減らしていく作業です。一方で、その影響で負担「感」が増えてしまうと本末転倒です。負担「感」は数値化が難しい感覚的なものです。だからこそ、業務をどう変えていくかという議論においては、スタッフの感覚的な部分についても適切に考慮すべきでしょう。

6-4 STEP 4 徹底化：徹底まで着実に進める

ここまで可視化、標準化、単純化というプロセスを経てきました。業務の全体像を把握し、社内の基準・標準を定め、その業務に潜むムダを取り除く方向性も見いだせました。しかし、そこで終わっては「何も変わっていない」のと同じです。社内の現場やスタッフが、その内容を理解し、実践し、効果を生み出すところまで「徹底化」する必要があります。

同時に多くの企業が最も苦労しているのがこの「徹底化」の段階です。「徹底してください」だけでは全く動きません。いかに徹底までを着実に進めるかが重要となります。

6-4-1 理解

まず最初に必要なのは、現場が新しい業務のルールややり方を「理解」することです。「発信」や「伝達」といったメッセージの出し手（発信者）目線ではなく、受け手側の目線で「理解した」と感じられる状態にまでする必要があります。

一般的に、本社や本部から現場に対して新しい業務のやり方を伝える際は、次のような手段を取ります。

・社内通達、業務指示の発信
・マニュアル、作業手順書の共有
・朝礼などのミーティングでの伝達
・社内ビデオメッセージの配信
・研修プログラムの実施
・説明会、勉強会の開催

これらの伝達手段を各社なりに組み合わせて実施していますが、重要なのは「**現場の行動変容につながる具体性と分かりやすさがあること**」です。「分かりました！やってみます！」という反応が返ってくることを目指して情報を伝えなければなりません。

具体的な内容とは、次の「ＭＯＲＳの法則（具体性の法則）」に合致していることが望まれます。

Ｍｅａｓｕｒｅｄ：計測可能であること（＝どのくらいやっているかを数えられる：定量性）
Ｏｂｓｅｒｖａｖｌｅ：観察可能であること（＝誰もが見ることができる：客観性）
Ｒｅｌｉｌａｂｌｅ：信頼できること（＝誰が見ても同じ行動だと承認できる：信頼性）
Ｓｐｅｃｉｆｙ：明確化されていること（＝何をどうするかが分かる：明確性）

例えばスーパーマーケットで「品出しの作業効率を高めたいので、みなさんテキパキ動くようにしてください」と伝えても、それはただの掛け声になってしまいます。

・品出し作業を1ケース（60個）10分で実施する（1個あたり10秒のペース）
・作業は棚の手前側に商品がそろえられ、廃棄する段ボールが畳まれた状態で完了とする

・作業の実績時間を1日1回記録し、作業時間の改善余地を把握する
・作業実施時は段ボールカッターを使い、賞味期限順に手前に寄せ、両手で一つずつつかんで作業する

冗長な印象があるかもしれませんが、具体的で分かりやすいかどうかはあくまでも受け手側の理解につながるかどうかで判断すべきです。そのためあいまいな表現は極力控えるようにします。

なお、具体性を高めようとすればするほど文章量は増えていきます。文章量が増えると読み手の読解力が求められるようになり、誤解が生まれたり読む気が起きなくなったりするジレンマを抱えます。

昨今では、写真や動画を使ってビジュアルに富んだ業務マニュアルを活用する例も増えています。写真や動画は文字にはない「分かりやすさ」と「明確さ」を備えているため、手順を伝えるのには適した手段です。「こんがりと焼き色をつけ

る」と言われても、どんな色かは写真で確認しないと人によって解釈がぶれます。「手ばやくさっと磨く」とはどういう動きなのか動画を使わないと伝えられません。さらに写真や動画であれば、日本語を母語としない外国人スタッフがいても伝えられます。

「現場になかなか理解してもらえない」

そのハードルを乗り越えることは容易ではありませんが、できるだけ具体的かつ分かりやすく業務の手順を表現し、勉強会や社内研修などの場も組み合わせて、地道に理解を得ていくことが重要です。

6-4-2 実践と確認

「分かる」と「できる」の間に立ちはだかる壁は思いのほか高いものです。

標準化・単純化して定めた新方式の業務ルールの内容が現場に伝わっていたとしても、実践に移されなければ「絵に描いた餅」です。だからといって「必ず実践してください」と呼びかけても効果は薄く、着実に実践される仕組みをつくったり、本当に実践されているかどうかを確認し続けたりすることは困難です。

例えば書類提出の方法を「紙での提出（旧方式）」から「データでの提出（新方式）」に切り替えるという極めてシンプルな例で考えても、実現に至らない場合があります。

その原因を「ミス」や「エラー」として捉えると解決に至りにくいため、原因を切り分ける必要があります。ここでは「分かっているが、なかなか実践に移せない」といった行動が伴わない場合と、「実践しても思ったような結果に至らなかった」という結果が伴わない場合に切り分けられます。

行動が伴わない原因（→「結局、紙で提出してしまう」）

忘却：新方式の存在をすっかり忘れていた
誤解：新方式を使う必要がない場面と勘違いしていた
惰性：つい慣れた旧方式のままにしてしまった
無視：あえて旧方式を貫いた。新方式がキライだった

結果が伴わない原因（→「データでの提出がうまくできない」）
理解不足：分かったつもりでいたが、新方式を理解できていなかった
不慣れ：慣れない新方式に戸惑った。次回はできる
スキル不足：新方式を操作するための、技術やスキルが足りなかった
方式不備：新方式自体に不備があり、うまくできなかった

これらの原因を裏返せば、その解決の緒が見えてきます。

- 忘れないように、確実に示す仕組み（通知や警告、表示の工夫）
- 新方式しか受け付けないルールへの変更（旧方式には安易に戻させない）
- 正しく理解しているかどうかの理解度確認（理解度チェック、テスト）

・不慣れ解消のための実践的機会の提供（慣れるためのトレーニング機会）
・業務とスキルとのアンマッチ解消（業務側を簡素化しつつスキル側を向上）
・仕組みやシステムの改良、不備解消（仕組みのブラッシュアップ）
・実践結果やスキル習熟度の確認（「できるようになった」の担保）

「新方式がなかなか現場に定着しない」のには、必ず原因があります。

本部が悪い、現場が悪いという不毛な責任の押し付け合いになると、なお一層こじれてしまいます。冷静に原因を切り分け、淡々と解消に向けた打ち手を重ねることで「実践と確認」を確実に行う状態にすることが重要です。

6-4-3 しかけ

これまで見てきた「理解」と「実践と理解」の考え方は、いずれも明示的・意識的なものです。旧方式から新方式への転換をはっきりと意識しながら、転換に伴う多少の苦労も「がんばって」乗り越えていきます。人が業務をする以上、理解しても、実践力をつけても、確認をしても、それでも間違えることはあり得ます。「もっとがんばれ」「もっとちゃんとやれ」といったように命令を強めていくと、現場の抵抗感は高まってしまいます。

しかし、少し目線を変えれば「がんばらずに」無意識に新しい方式になじんでしまうような「しかけ」を構築することもできます。新方式を実行する人には何の違和感も負担感ももたらさずに、意図した業務オペレーションを実践するようにもなります。

最も分かりやすい例が「ラインによる位置決め」です。中でも身近なのが「駐車場の白線」でしょう。広いアスファルトの土地があっても、そこが何をする場所なのか、車をどう停めていいのかは分かりません。しかし、そこに白線が引いてあると、駐車場であることが明確になり、どこにどう停めればよいかの説明が不要になります。ドライバーは白線内におさめるように車を停めます。「きっちりと並べてください」と呼びかける必要もなく、停める側の負担感もありません。

工場内の通行エリアのガイド線も同様です。「歩くときはこの端を」や「フォークリフトに気をつけながら」という忠告を繰り返す必要はなくなります。人は歩行エリアを、フォークリフトは通路を使って、それぞれがラインに従って動くことで、動線を整理できて安全度が高まります。

工具や文具の管理のために、保管・返却位置を定位置化することもよい工夫です。工具それぞれのサイズにくり抜かれ

た収納棚にすると、どれをどこに返却するかは一目瞭然です。紛失時にもすぐ気づけます。工場内での工具の紛失は、製品や生産機械への混入リスクにもつながるため、多くの工場が写真のような備品管理をしています。

これらの「しかけ」については、近年注目されている行動経済学の「ナッジ理論」もヒントになります。ナッジ(nudge)とは「ヒジで軽く突く」ことを意味します。ナッジ理論とは「ヒジで軽く突くような小さいアプローチで(大きな負担を感じさせることなく)人の行動を変える戦略・理論」を指します。その理論のポ

イントはＥＡＳＴの４文字に集約されます。

Ｅａｓｙ（簡単・簡素）：シンプルなメッセージで、手間をできるだけかけない

Ａｔｔｒａｃｔｉｖｅ（魅力的・印象的）：金銭以外の報酬を与える

Ｓｏｃｉａｌ（社会性）：みんな同じことをしているという社会規範を示す

Ｔｉｍｅｌｙ（タイミング）：適切なタイミングで情報を提供する

例えば放置自転車に悩むビル会社が

「ここは自転車『捨て場』です」と貼り紙をして放置を減らしたり、男性トイレの汚れを減らすために「マト」のようなシールを貼ったりといった例が該当します。EASTの4原則を生かして、ちょっとしたことで大きな効果を得られます。

前述の「道具＋動作＋手順」を標準化する際も、この「しかけ」の観点を加味します。

道具：できるだけ簡素で使いやすく、つい使ってしまうような道具とは？
動作：動作に伴う身体的な負担から、ついそのように行動してみたくなる動作とは？
手順：前後の流れから考えても、ついその順序にしてしまう手順とは？

カフェでゴミを捨てる際、ごく自然な流れで分別するようになっているのも、まさにこの「しかけ」です。利用者は時間と労力を（無意識のうちに）多少負担し、飲み残しを捨て、トレイとカップ、紙ゴミなどを分別したうえで、気持ちよく帰っていく。その流れを実践できるよう、動線やゴミ箱が設計されています。

新方式への切り替えは、ともすれば苦痛や苦労を伴い「やらされ感」につながりがちです。しかけをうまくつくることで「ついやってしまった」「やったことに気がついてすらいなかった」「新しい方式のほうが楽」というようにできれば理想的です。

6-5 STEP 5 価値強化：筋肉を強く大きく

ここまで可視化、標準化、単純化、徹底化の「オペレーションの改善」について詳しく見てきました。

生産性 ＝ 付加価値（アウトプット）÷ 投入資源（インプット）

の式に当てはめると、それらは分母の「投入資源」に潜むムダ・ムラ・ムリをできるだけ減らす取り組みと言えます。しかし、真に生産性を高めるには、それだけでは不十分です。

「リーン（＝筋肉質な）オペレーション」を実現するには、分母側の投入資源をできるだけ減らし（＝ぜい肉を減らすダイエットをし）ながら、分子側の付加価値をできるだけ増やす（＝筋肉を増やすトレーニングをする）ことが重要です。ムダをなくす一心で「何も飲むな、何も食べるな、何もするな」では、ただただやせ細っていくだけです。

この価値強化のパートは、本書では5つ目のステップとして解説していますが、必ずしも可視化、標準化、単純化、徹底化の後でないと着手できないものではありません。社内の組織構造や役割分担によっては、オペレーション改善と並行して同時に進められますし、オペレーション改善と価値強化が一体の活動である（ダイエットとトレーニングの双方が重要である）ことを認識するうえでは、むしろ同時であるほうがよいでしょう。

具体的に「つくる」と「届ける」の取り組みには次のようなものが挙げられます。「ビジネスとは、つくるか、売るかのどちらかである」という言い方もあるほ

「オペレーション改善」と「価値強化」を一体的に実施

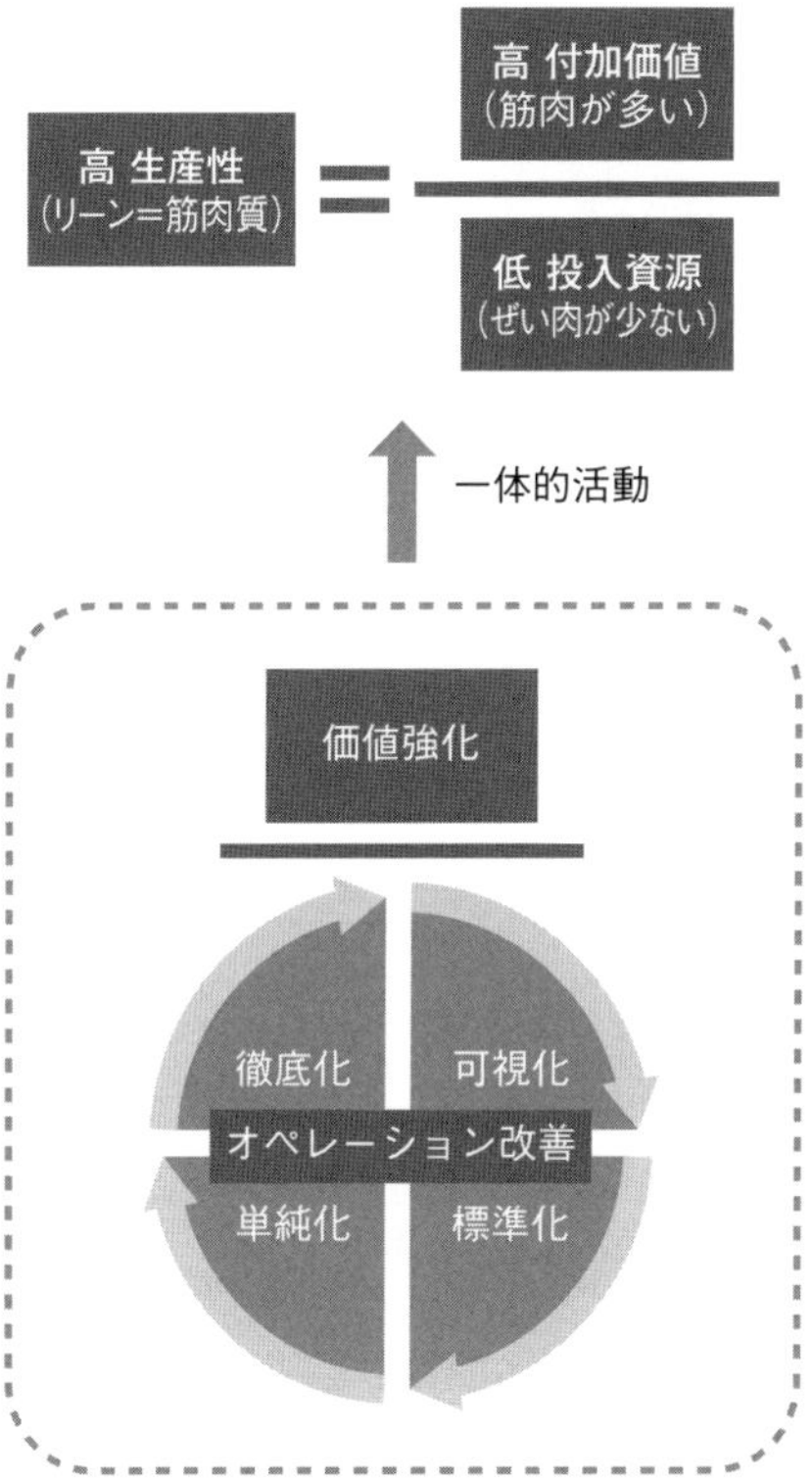

どで、まさにビジネスの根幹を担う部分をいかに強くしていくかになります。

「つくる」ための取り組み例

・新商品の企画・開発（例：プライベートブランドの商品開発）
・既存商品の改良・改善（例：味や品質の改善、価格競争力の強化）
・商品構成（取り扱い商品）の拡充（例：ラインアップの拡大、仕入先の拡大）
・生産能力の増強（例：調達・購買機能の強化、生産工場の新設・増設など）

「とどける」ための取り組み例

・広報・広告・マーケティングの強化（例：広報活動の注力、広告投資の強化など）
・営業力の強化（例：営業人員の増強、営業スキルの強化など）
・販路の拡大（例：ＥＣ販売の強化、販売先の開拓など）
・業態の開発（例：販売ブランドの分割など）

・店舗の拡大（例：新規店舗開発、既存店舗の改修・拡大など）
・流通機能の強化（例：物流拠点の増強、配送システムの強化など）

ここではその一つひとつを掘り下げることはしませんが、これらはいずれも多くの時間と費用を要する取り組みになり得るため、大局観を持ってできるだけ早く着手することが求められます。繰り返しになりますが、リーンオペレーションの実現の先にあるゴール（目的・目標）にあらためて立ち返り、そのためのドラスティックな取り組みが求められます。

最後に、つくる、届けるのほか、「よくする」という部分も付け加えておきます。これは、つくる・とどけるという「攻めの投資」とは異なり、オペレーションの効率や質をさらに高めるための「守りの投資」とも言えます。本来的には、可視化、標準化、単純化、徹底化の過程で取り組むべき部分ですが、一定程度の金額規模が必要な場合、改善の中ではアイデアが及ばないことも多く、あえて本章で別立てにしています。

「よくする」ための取り組み例

・社内システムの強化（例：ＩＴシステムや環境の強化、自動化ロボットや機械の導入など）
・社内人員体制の強化（例：採用の強化、外部リソースの積極的活用、教育研修への投資など）
・道具や什器の改良（例：作業用の設備・器具や、店舗什器の刷新など）
・施設・設備の強化（例：中間加工施設、保管施設の集約や追加など）
・過去経緯の解消（例：不使用備品の処分など）

このように、つくる、届ける、よくするという「筋肉を強く、大きくする」取り組みは、生産性向上においてまさに「生産」する側に対する取り組みです。オペレーション改善と同等に重視し、注力することが期待されます。

第7章

実践編

リーンオペレーションの推進力を高める

これまで見てきた一連のステップは、いずれも「やらない手はない」といったことばかりです。しかし、企業によってはうまく推進しているところもあれば、そうでないところもあります。その成否を分ける「推進力」のうち、成功する企業に共通しているのはなんでしょうか。以下に挙げていきます。

まず最初の要素は「組織風土」です。従業員同士の対話、上司と部下の対話が活発で、相互に理解し合おうとする風土・土壌

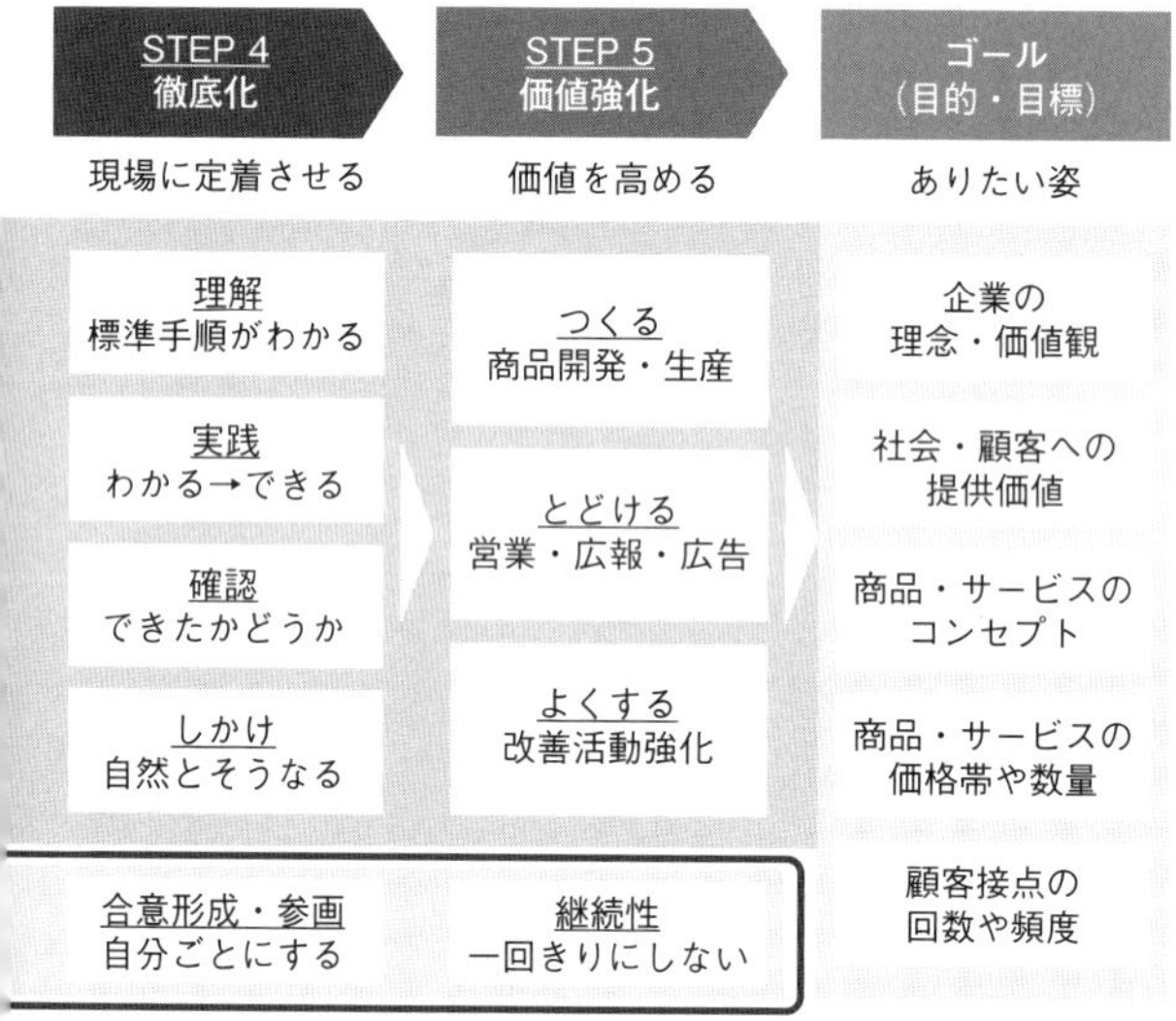

があることが大前提となります。この大前提が崩れてしまうと、オペレーション変革に向けた議論も正しくフラットにできず、「打てど響かず」の状態になり、何事も進みません。

次に「改善意欲」の醸成も必要です。オペレーション変革は、ムダを含んだ過去のやり方を常に変えていくことになります。ムダを含むとはいえ、過去にそのやり方を決めた人の思いも少なからずあり、「せっかくここまで頑張ってきたのだから、今さ

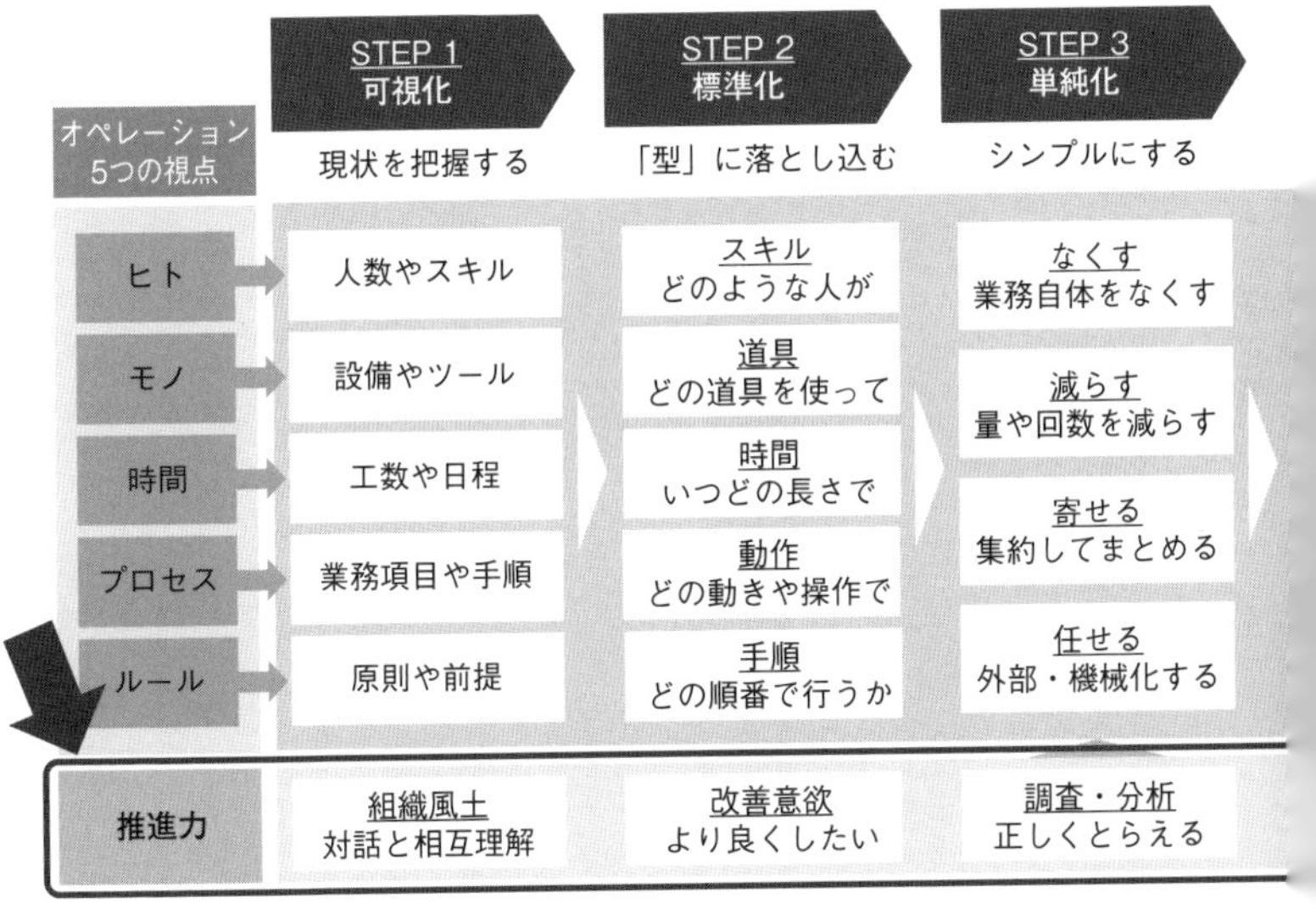

ら変えるのはどうか」といったことになりかねませんが、重要なのは、組織としてよりよい方向に少しずつでも向かい続けようとする改善意欲です、過去に縛られず、未来を見据えた意思決定や行動をとるためにも意欲の醸成は必須です。

「組織風土」と「改善意欲」といった概念的な要素に加え、的確に「調査・分析」することが必要です。企業としてのありたい姿（目的・目標）を、具体的な数値目標に落とし込み、その目標達成の進捗を測るために各種ＫＰＩを設定・測定し続けることが重要です。

サービス業であれば、一般的には「人時《にんじ》生産性＝粗利÷人時」を指標としますが、粗利、人時のいずれも正確な数値を高精度かつタイムリーに把握するのは容易ではありません。人時一つとっても、どの業務でどの部署の誰がどの程度の時間を費やしたかについて、全拠点の全員を毎日測るとなると相応のコストを要します。

そのため、ある程度は精度と頻度に目をつぶり、一部の範囲でサンプル調査するなどの現実的な方法を採用することになります。やみくもに調査するのではなく、達成したい目標と現実性のバランスを取った調査方法を設計し、適宜数値を集計・分析することが必要となります。

そして、「調査・分析」の結果を基に、正しく「合意形成・参画」を促すことが必要となります。オペレーション改革の活動の中心となるコアメンバーだけでなく、実務を担うコアメンバー以外の多くのメンバーとも議論の経過を共有したり、ときには意見を集約したりして、合意形成に巻き込んでいきます。こうして全社員の「参画意識」を形成します。オペレーション変革は他人事ではなく「自分事」であるという感覚を持てるようになると理想的です。

最後に求められるのは、オペレーション変革の「継続性」です。せっかく効果が出ても、そこで安心・満足して歩みを止めてしまうと、簡単に前の状態に戻ってしまいます。年単位のプロジェクト計画を設計し、その計画を毎年繰り返すような覚悟と体制が必要となります。

ここまで挙げてきたものを、社内で自然発生的につくり上げていくのは現実的には「ムリ」です。これまで「オペレーション改革」を成功裏に進めてきた企業には、共通して「変革推進チーム」(名称は様々です)が存在しています。そのチームの共通点を以下に挙げます。

組織構造上「経営直下」の位置に置く

・経営側とのコミュニケーションを密にとれる
・全社的目線と、部門中立的な目線を持てる
・部門横断的な立場で、各部門との連携・調整を図れる

「専任者」を必ず一人は置く

・定量的な調査・分析にたけている

・中立的な立場から、ときに現場にとって苦言を呈することができる
・現場経験があり、現場業務への理解の解像度が高く円滑な調整ができる

「リーダー」に全てを集約させすぎない

・チームとして情報収集、計測・分析、合意形成、情報発信などを分担する
・全てできる「スーパーマン」に頼ると後が続かない

定期的な会議体を運営する

・ありたい姿とそこへの到達状況を定期的に計測・分析・報告する
・途中での軌道修正も早めにできる

「変革推進チーム」自体を定期的にアップデートする

・現場からのメンバー入り、メンバーから現場への復帰もある
・目標の見直し、手段の見直しなど、前提に引きずられすぎずに柔軟性を強く持つ

オペレーション変革を継続するための「変革推進チーム」は、まさに変革の原動力（エンジン）となるチームです。企業の規模によってチーム規模は一律ではありませんが、「専属チーム」としてリソースを配備し、責任と権限を大きく持たせていくことが成功の鍵を握ります。

第8章

実践編

プロジェクトの進め方

本章はまとめの章として、オペレーション変革プロジェクトを段階的に進めていくための「標準的スケジュール」の一案を示します（企業規模やプロジェクトの範囲によって、期間の長短は変わり得ます）。

最初にプロジェクト開始の「キックオフ」を開催します。経営層・変革推進チーム・現場の3者の関係者が一同に介した

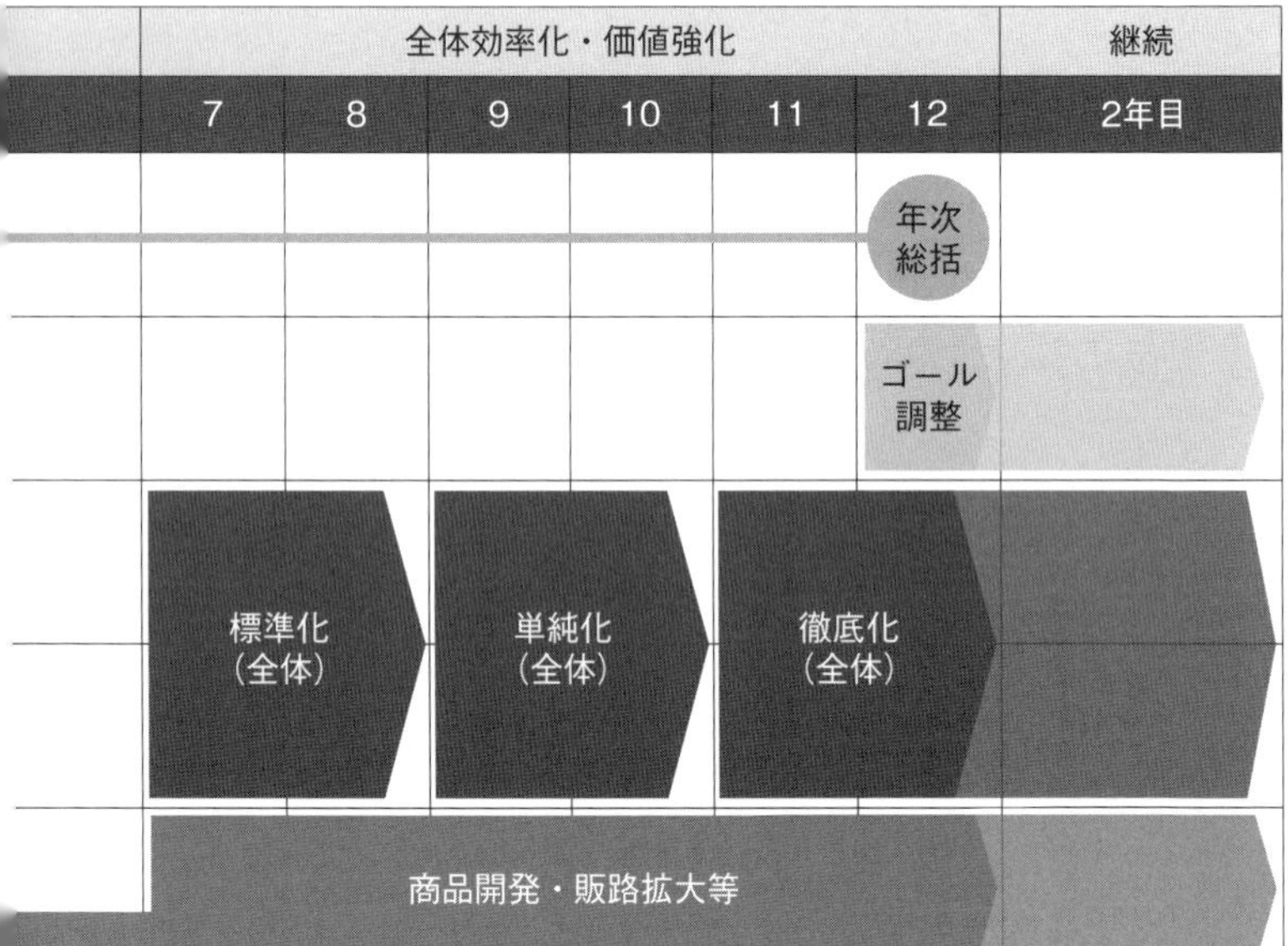

場を設定します。キックオフ段階では、このプロジェクトの意義や、実施する背景などを経営層から直接メッセージを伝え、変革推進チームと現場の関係者を巻き込んだ一体感を醸成していきます。

こうした活動の意義や背景の説明は、経営層からすると「みんな分かっていると思うけど」「あえて何度も言わないけれど」というようになりが

リーンオペレーションの実現に向けて、段階的にアクションを実施

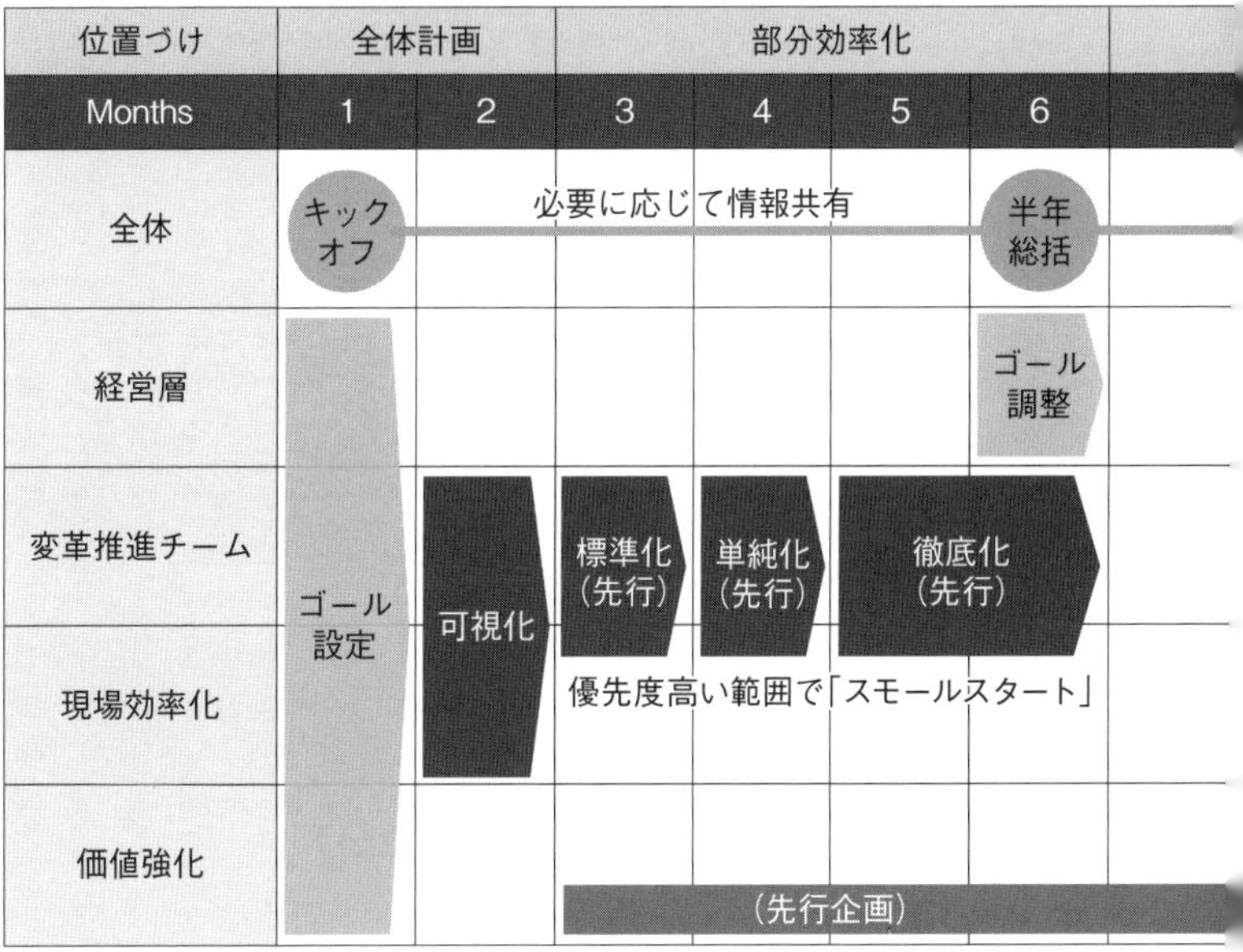

ちですが、実際は現場のメンバーまでしっかりと認識が統一されていることはほぼないと思って間違いありません。繰り返しになったとしても、あらためて意義や背景を共有すべきです。

このキックオフを皮切りに「ゴール（目的・目標）」の認識を合わせ、具体化していきます。この際、抽象的な「方向性・方針」だけに議論をとどめず、具体的な「目標値」まで議論を深めることが必要です。例えば「北を目指すぞ！」という方向性は定まったとしても、それが北極なのか、北海道なのか、自分の街の北部なのかによって距離感・程度感は全く異なります。その後のアクションも別のものになるでしょう。企業においても、「より多くのお客様に喜んでいただけるようになろう」という基本方針だけに議論をとどめず、どういう価値を提供するのか、それをどのような商品やサービスで、どうやって提供するのかをさらに具体的に掘り下げて、できるだけ定量的・具体的な目標として言語化していきます。

オペレーション改革の施策は、一つひとつの施策自体に絶対的な良しあしはなく、あくまでも目標に対して合致するかどうかで判定するしかありません。この後の可視化、標準化、単純化、徹底化、価値強化の各ステップを「ブレなく」進めるためにも、目標設定はじっくり取り組むことが望まれます。

次に「可視化」していきます。このステップでの業務一覧表の作成は、できるだけ広い範囲（部署や業務）で実施します。ただし、一度に多くの人数に対してヒアリング調査をするのは困難です。部署やグループごとに分けて調査していきます。調査内容も、業務項目の整理、時間・工数の調査、業務の難度や必要なスキルの把握、必要なツールの整理など多岐にわたります。つい丁寧に正確に、時間をかけてしまいがちです。しかし、あくまでも「全体像の大まかな把握」と「その後（標準化など）の優先度判断」が目的となります。スピード重視で整理作業を進めていきます。

可視化の結果を踏まえて標準化以降も一気に進めたいところですが、いったん冷静に優先度を見極め「スモールスタート」で範囲を絞っていきます。可視化は現状を整理するだけであり、それ自体が変化をもたらすものではありません。しかし、標準化、単純化、徹底化などは「未来に向けてどう変わっていくか」という視点での議論が中心となります。関係者それぞれの経緯や思い、考えが交錯し、ときに対立的な感情を抱く場合もあります。最初に議論した「ゴール（目的・目標）」に立ち返ることで、冷静に最適な結論に至る場面もあります。このようにプロジェクト推進の難度（議論の難度）がぐっと上がるからこそ、「スモールスタート」で範囲を絞り、小さくてもいいので着実に成果を確認・実感することが重要です。

並行して「価値強化」に向けた先行企画を同じタイミングで着手し始めます。理由は二つあります。

一つは「実現の早期化」です。価値強化に向けた新商品・新サービスや販路拡大などの取り組みは、準備を含め時間を要するものです。ゆるやかなアイデア出しであっても早い段階に始めることで、実現を早期化できます。

二つめは「リーンオペレーション実現の意義実感」です。リーン（＝筋肉質）なオペレーションの実現は、可視化・標準化・単純化・徹底化による「ムダ取り（＝ぜい肉を減らす）」と「価値強化（＝筋肉の増強）」の両立が不可欠です。ともすればムダを少しでも減らすことにばかり目が行きがちになりますが、価値強化と合わせてこその「一体的活動」であると正しく理解するため、並行して実施します。

その後、半年程度が経過した時点で「半年時点での総括（中間報告）」をします。これまでの活動の状況や課題点、その対策について関係者で共有する場を設けます。当初設定したゴール（目的・目標）に対して解釈がブレたり、あいまいになったりすることもありますが、「ゴールの調整（再検討・再定義）」の場としても重要な役割を果たします。「何のためにこのプロジェクトをやっているのか」をあらためて共有することで、続くステップへの弾みをつけます。

そこからは、オペレーション改善の範囲を拡大し、価値強化に向けた取り組み

「オペレーション改善」と「価値強化」を継続的に実践

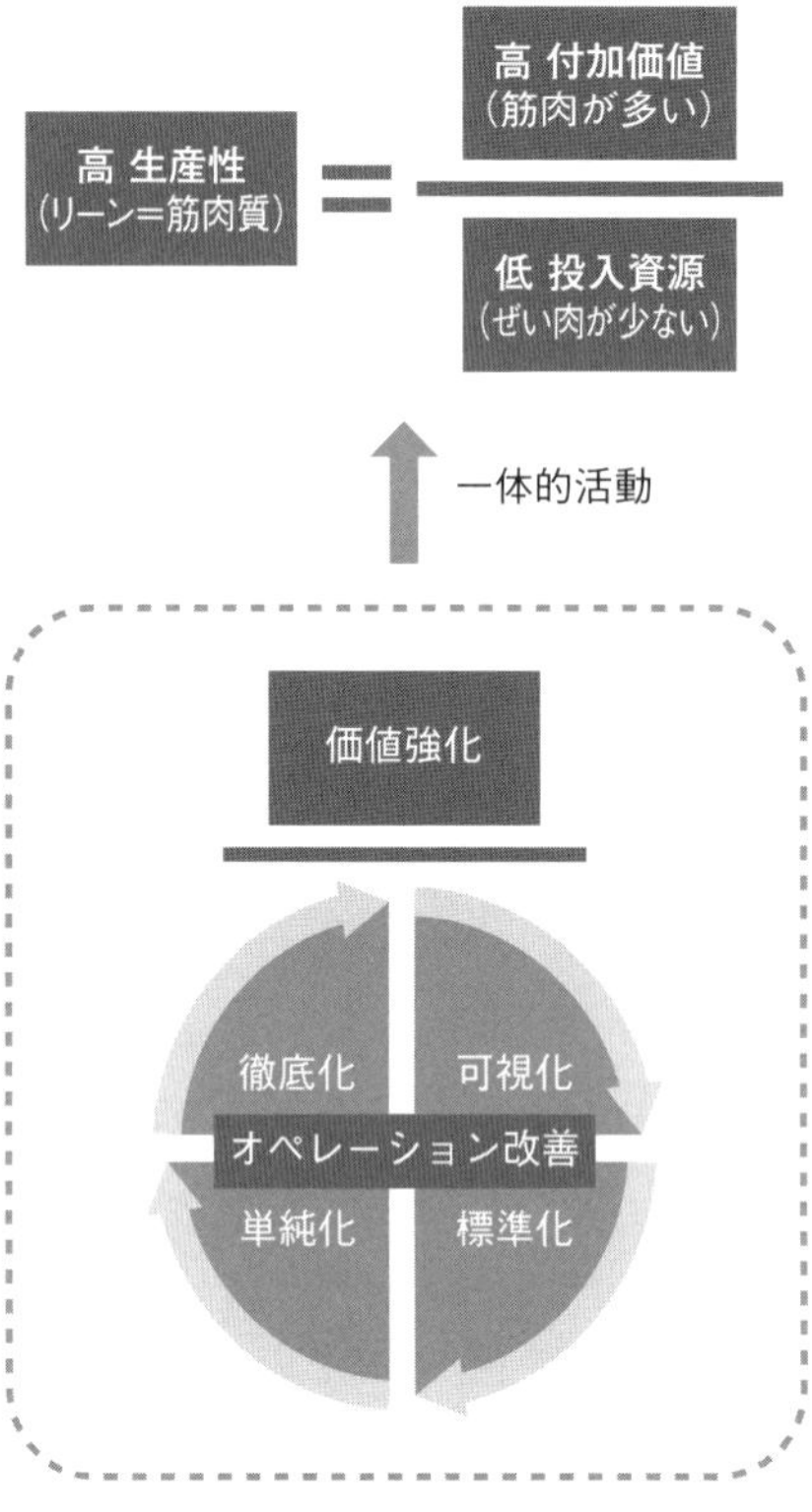

を本格的に進めていきます。前述の標準スケジュールでは、標準化、単純化、徹底化のステップを2カ月ずつのまとまった単位として描いていますが、いくつかの範囲に分けて段階的に（五月雨的に）進めることも一案です。ただし、活動の対象範囲が広がり、関係者が増えれば増えるほど、目先のアクションや議論のミクロな部分に気を取られ、プロジェクトの「ゴール」というマクロ的視点を見失いがちになります。そうならないためにも、関係者内のミーティング機会を適宜設定し、情報共有と目標の再確認を（しつこいくらい）繰り返すことが有効です。

本章では1年間の「標準スケジュール」として例示しましたが、リーンオペレーションの本質は**「業務オペレーションに潜むムダ・ムラ・ムリをなくすための改善活動」と、そこから創出される「時間的・経済的余力の再投資による価値強化」とを「継続」すること**です。1年で活動を終えることなく、2年目以降もさらに高い目標を掲げ、難しい取り組みに挑み続けること、そして何より挑み続けようとするそのマインドを組織全員で共有することが最も重要です。

第9章

事例編

ベイシア（スーパーマーケット）

これまで説明してきたリーンオペレーションの実践例として、群馬県前橋市を本拠とするスーパーマーケット（ショッピングセンター）チェーンである株式会社ベイシアの事例を紹介します。

株式会社ベイシア

群馬県前橋市を本拠とするスーパーマーケット（ショッピングセンター）チェーン。群馬県、埼玉県、千葉県を中心に1都14県に130店舗（2023年2月末時点）を展開

売上高　3035億円
（2023年2月期）

従業員数　1万861人

（うち正社員１６０３人）
（２０２３年２月末現在）

ベイシアにおけるリーンオペレーション化の実践例

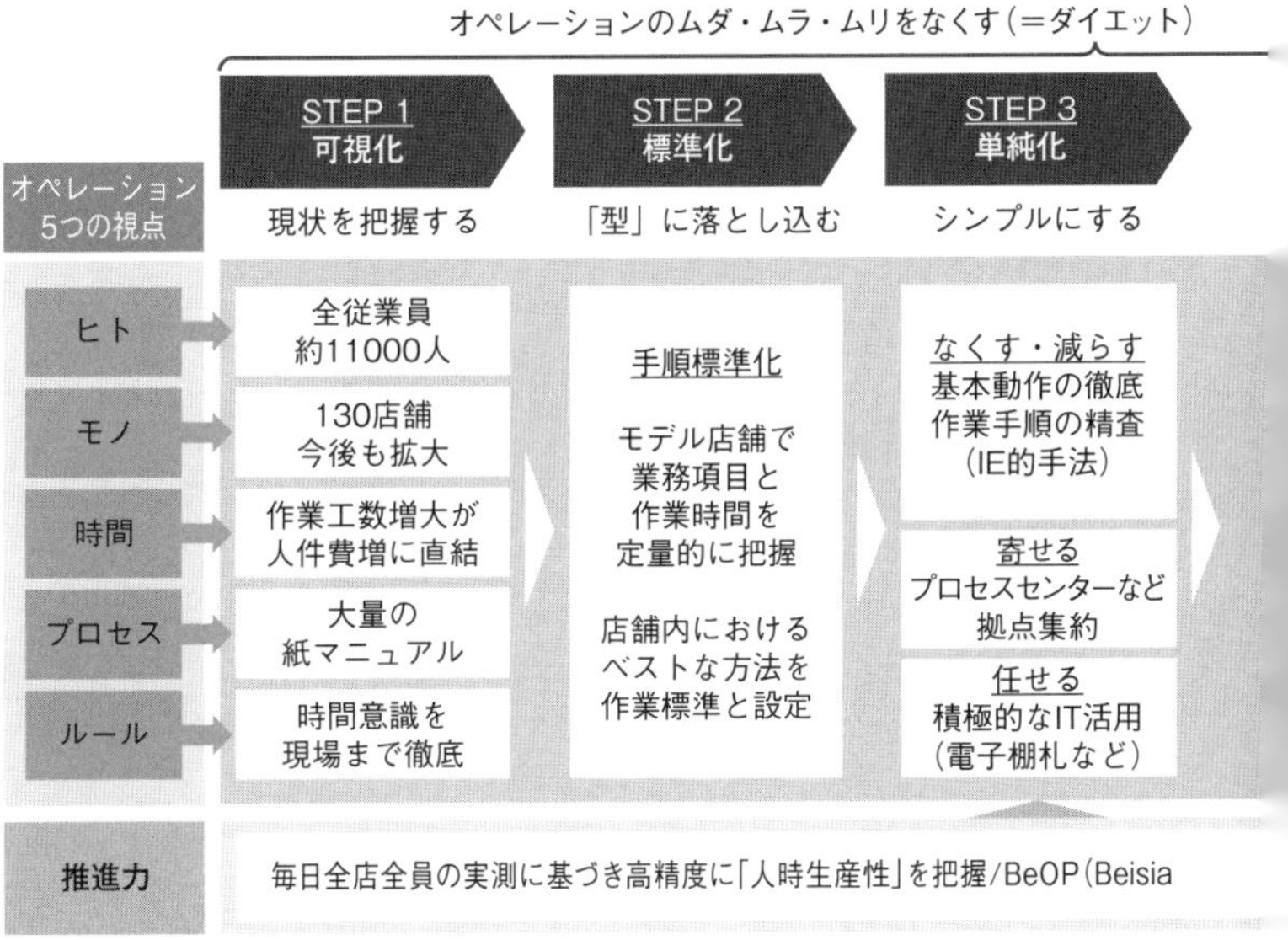

9-1 「商の工業化」

ベイシアはグループ全体売上高が1兆円を超えるベイシアグループの中核企業です。ホームセンターの「カインズ」やワークウエア専門店の「ワークマン」なども同グループの一員です。グループ企業として出店情報・商品開発情報の共有、IT活用の共有などで連携を図りつつ、それぞれ独自の強みをとがらせるような企業運営をしています。

ベイシアの起源は、1959年に群馬県伊勢崎市で創業された「いせや」です。個店から店舗を増やし、事業規模を拡大していく中で、早くからローコスト構造による経営スタイルの確立を目指し、数々の施策を実践してきました。

そして1996年に設立された株式会社ベイシアは「For the Customers」を経営理念とし、「より良いものをより安く」提供することを使命（ミッション）としています。スーパーの三つの基本である商品・店舗・人に対して、次のような方針を掲げています。

商品：商品をとがらせましょう
店舗：店舗オペレーションを徹底的に磨きましょう
人：それらをつくる人を育てます

特に店舗オペレーションの磨き込みを象徴する言葉として「商の工業化」への挑戦を掲げています。この言葉は、店舗で「人」にしかできないことに集中するための仕組みづくりを意味します。そもそも「人」がやらなくていいことをなくしたり、「人」がやるものであってもムダをなくしたりすることが重要であるというコンセプトです。

商の工業化は、「より良いものをより安く」というミッションを「おもてなし（≒多様・複雑）」と「効率化（≒集中・簡素）」の両立と捉えたものであるとも言えます。そのための仕組みづくりを商品の調達から販売の全ての工程において取

「商の工業化」

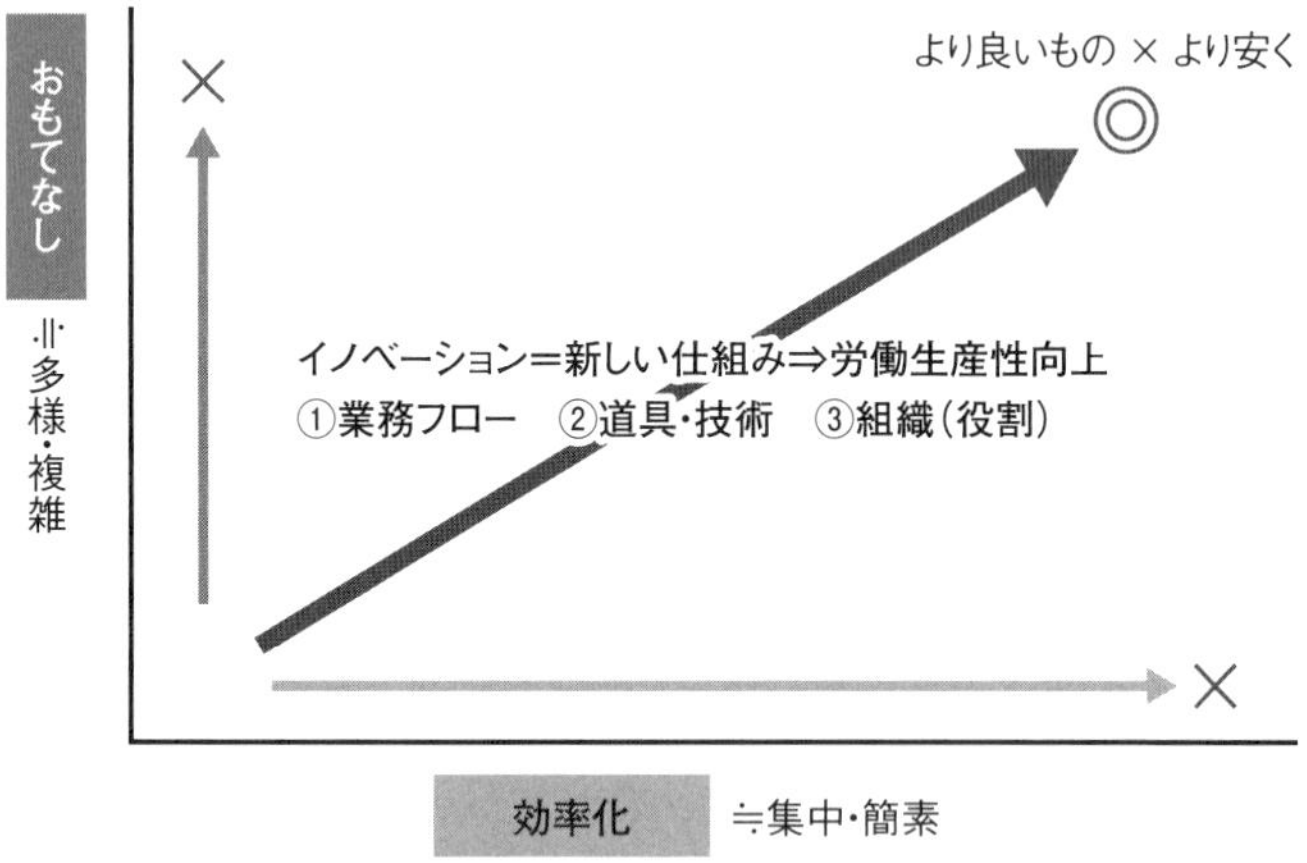

出所：ベイシアの資料を基に筆者作成

り組んできました。
この商の工業化のための仕組みづくりは、次の三つの活動から成り立っています。

業務フロー（運用ルール）：作業項目ごとにマニュアルをつくり、作業を割り当てる

道具・技術（ＩＴ・ＤＸ）：様々なデジタルツール（ソフトウエア／ハードウエア）や効率的な厨房機器を活用する

組織（役割分担）：ＳＶ（スーパーバイザー）とＤＢ（ディストリビューション）機能、店長・副店長

ベイシアが取り組んできた仕組みづくりは多岐にわたりますが、本章ではその一端を紹介します。

9-2 可視化・標準化

ベイシアでは「商の工業化」を推進する過程で「作業手順書」「マニュアル」を大量につくってきました。しかし、それらは十分に管理や活用がされておらず、「どこにあるか分からない」「ありすぎて探せない」「見つかったとしても古い」という状態でした（表中のＳｔｅｐ０）。

そこで、まず取り組んだのが「業務工数の把握」でした。１３０店舗の中から標準的規模の「モデル店舗」を選び、その店舗における業務項目と作業時間を把握しました。各作業項目の時間（人時《にんじ》）を定量的に把握することで全体に占める構成比も算出でき、どの業務の負担が大きいかを正確に把握しています。

次に取り組んだのが業務フロー（業務プロセス）の可視化です。業務フロー（運用ルール）は仕組みの土台です。それを理解することなく道具や技術を導入したり、組織や役割分担を組み替えたりしても、労働生産性は高くならないとの考え

マニュアル定着までの経緯

	Step0 導入前	Step1 導入期 2018～2020年	Step2 成長期～成熟期 2021～2023年	Step3 非連続的 成長へ
		型づくり		型があっての 型やぶり
不・負	・大量の紙マニュアル ・保管方法不明	・マニュアルの不足 ・ワード検索できない	・マニュアルが多い＝店舗作業項目が多い	・DXで作業そのものを「奪い」取れる
管理者	・各部で属人的な管理 ・内容の質がバラバラ	・作業改善部4人と少数の本部理解者 ・専門知識がない中で地道なIE手法でマニュアル作成	・作業改善グループ2人 ・徹底した横ぐし	・あいまい検索機能
つくる人	・作成に時間がかかる ・自己流ばかりで正しい型が不明		・BeOP（SV）60人 ・本部各部30人 ・あいまいな形容詞の禁止	・動画撮影マニュアルAI自動作成
伝える人	・紙でマニュアル出力 ・人がついて直接指導 ・一子相伝、「背中で」語る	・電子マニュアルはつくったものの店舗マネジャーまかせ	・巡回指導、セミナー ・トレーニング機能 ・トップコメント配信	・ウエアラブル端末で遠隔指導
みる人	・紙がみつからない ・情報が古い ・差し替えが大変	・見る道具と時間が不足 ・もっと良いやり方がある	・作業割り当てで見る時間確保 ・提案をあげられる	・作業割り当てシステムと作業マニュアル、人事考課と自動連動

出所：ベイシアの資料を基に筆者作成

から業務フローの可視化を重視しています。その際、次のように「目的」と「視座」を意識することで、客観的・俯瞰《ふかん》的に業務をとらえています。

目的は何か？：何のためにする業務なのか

視座を上げる：顧客軸、作業軸、ビジネス軸でとらえることで、局所部分最適な考えにしない

・コストや人件費削減を主軸にしすぎると、お客様目線を失う

・顧客軸が強くなりすぎると、施策が破綻する

可視化には様々な方法がありますが、前述の通り古くなったマニュアルが散在している状況を解消するために、まずはExcelベースで作業標準を定めることにしました。ある店舗での「ベスト」と言われるスタッフを手本とし、個々の作業の流れ、標準作業時間、道具などを整理しました。設備や什器《じゅうき》などの呼称がばらついており、どれが何を指すのかもあいまいだったため、呼称の統一などもしました。この活動は、当初は1店舗のみの取り組みでしたが、社内で活動が広が

Excelでつくられた「作業標準」

基礎作業　手順書

ダンボールの開け方・崩し方

道具

なし

作業時間

1箱を　2秒で　開ける

手順

ダンボールは　手で　開ける

補足

カッターを使わなくても簡単に開けられます
テープはすべて外さなくても大丈夫です
品出し後は崩して空きダンボール置き場へ

写真

①側面を押す

②テープをはがす

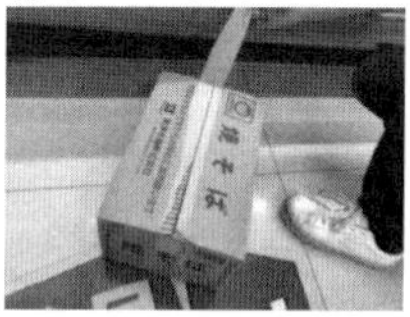

③開ける

④同じ方法で崩す

10

り、2018年頃には作業改善部（4人）が携わるようになりました（表中：Step1）

次に、Excelベースで作成したマニュアルを電子化（クラウド化）していきました。Excelでは表現できなかった動きを動画にしたり、作成・更新の手間を軽減したりするだけでなく、管理の一元化を可能としました。

9-3 単純化

一般的にスーパーマーケットチェーンは、各店舗サイズが大きく、店舗数も従業員数も多い傾向にあります。業務改善のための施策は、大掛かりで派手なものでないかと想像しがちです

電子化された業務マニュアル

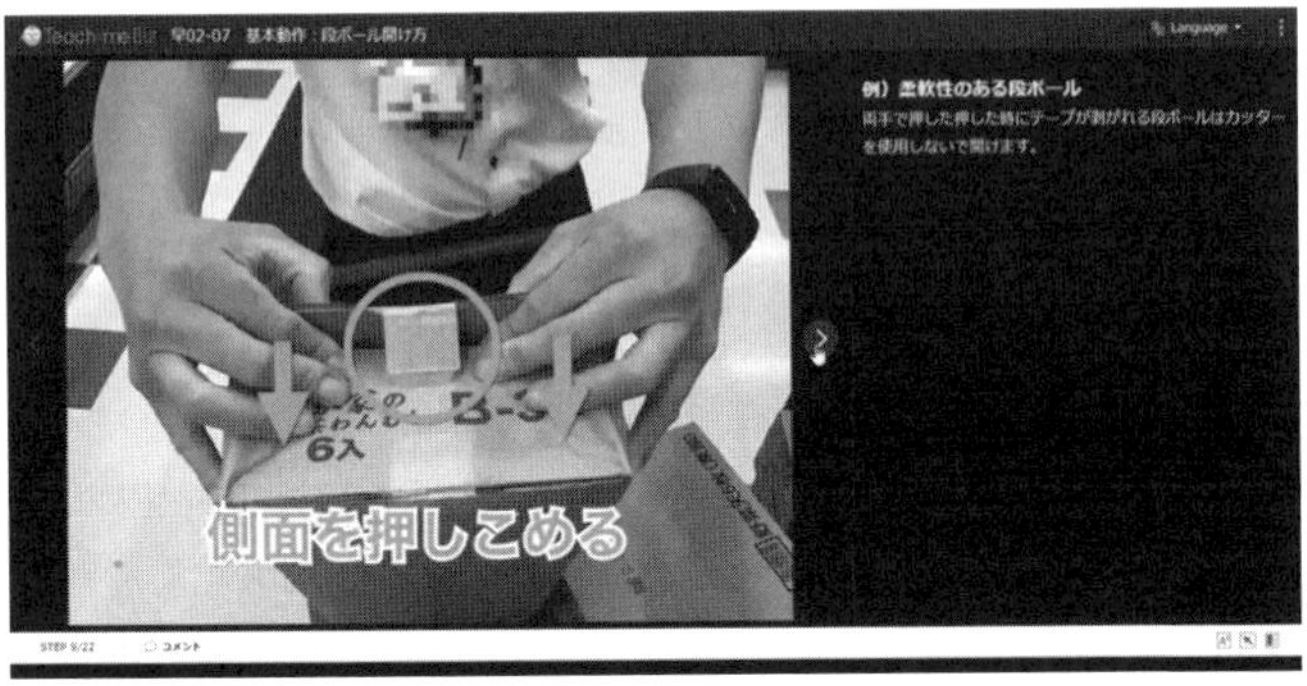

が、実際には一人ひとり、一つひとつのオペレーションの集合体であると言えます。

ベイシアは、電子化されたマニュアルをベースに、さらに一つひとつの業務についての改善余地を探し、秒単位での改善を重ねてきました（9-2表中：Step2）

例えば段ボールから棚に陳列する「品出し」の作業を見ても、両手それぞれに商品をつかむ場合と、両手で一つだけ商品をつかむ場合では、1回につかむ商品の数が2個か1個か、つまり倍の違いがあります。この違いを踏まえて、ある商品の品出し作業を実際にやってみると、両手で2つ以上つかむ場合では13秒の作業が、両手で1つだけつかむ場合は25秒かかっていました。

別の例では、カートから冷蔵ケースに商品を移す作業をする際、カートを作業場所すぐ近くに寄せておく場合と、作業場所から数歩離れた場所に置く場合とを比較しました。この例では、作業場所近くに寄せた場合は10秒でできた作業が、ほんの数歩離れた場所にあるだけで17秒かかってしまうことが分かりました。

これらいずれの例も、はたから見れば気が付かないほどのわずかな違いです。黙々と手を動かしている様子だけを見ると「非効率」には見えません。しかし、一つひとつ

の作業を、定量的に丁寧に観察すると秒単位の違いが見えてきます。

・25秒→13秒。差は12秒だが約50％の差
・17秒→10秒。差は7秒だが約40％の差

この数秒の違いが、品出し回数×担当者数×店舗数×365日×コスト（人件費＋経費）で考えると、膨大な違いになり、コストダウンになります。

一人のスタッフが1日の勤務時間中に業務のムダをたった1分（60秒）削減するだけで、仮に平均5000人が毎日勤務し、時間コストが1時間あたり1200円（1分20円）とすると、1分×5000人×365日×20円＝3650万円となり、これだけ年間コストの削減になります。店舗数や従業員数が多くなると、秒単位の削減も数千万円単位の削減インパクトを持っています。

現場でのマニュアル活用が進むと、今度は現場スタッフからのフィードバック

も増えてきます。実際にマニュアル通り作業をしようとして得られた「こうすればもっと速くできる」「こうすればもっと楽にできる」という現場の気づきは、業務改善の大きなヒントであり、会社にとっての財産になります。

ベイシアではこの改善提案を募るために「改善提案報奨制度」を設けています。現在は、この制度によって月１００件近いアイデアが自然発生的に集まるようになっています。アイデアの中には大きな設備投資を伴うもの（改善の枠を超えるもの）や、顧客目線・品質安全目線などから実現困難なもの、全店での実現が難しいものなども含まれることがありますが、最終的には月30〜40件程度が作業改善のアイデアとして実現検討の土俵に乗せられています。

過去応募された改善提案例には、次のようなものがあります。

・レジの釣り銭機部分の詰まり防止で使っているエアダスターを、使い捨ての缶タイプではなく、充電式のものに変えればランニングコストが年間数

百万円削減できた

・レジの釣り銭機が詰まった場合に備えて、その場で臨時に釣り銭など支払い対応ができるように、一部のスタッフに硬貨を携行させていた。しかし実際には釣り銭詰まりの発生頻度は極めて低いため、スタッフの携行をやめサービスカウンターで対応するようにルールを変更。これにより準備や管理の手間が大きく削減された

・店内調理品の製造ラベルで使っている呼び出しコードが類似しているものが多いため、コードのナンバリングのルールを見直した。これにより貼り間違いが防止された

ＩＴツールの導入も積極的に進めています。ただし、手段（ツール）先行での導入では決してなく、あくまでも業務フローをいかに改善・効率化できるかを重視しています。

直近での導入例としては、「電子棚札」の活用が挙げられます。電子棚札は、店

舗内のパソコンで設定売価を変更すると陳列棚に表示する金額を変更できます。紙の場合に比べて、価格変更時の作業コストが約90％削減されるだけでなく、更新ミスや更新漏れによる「売価違い」のクレーム件数も60％以上削減できます。

この電子棚札は他社でも導入が進んでいますが、ベイシアではその活用を一歩深め「遠隔カメラを用いたダイナミックプライシング（変動的価格設定）」の実証実験をしています。これは、遠隔カメラを店頭の陳列棚とバックヤード付近に設置することで在庫量をリアルタイムで把握しつつ、時間帯などを考慮して売価を変更する仕組みです。夕方以降になっても在庫量が多い場合は少し値段を下げるといった柔軟な「タイムセール」のような施策が手間をかけずにできます。

9-4 徹底化

ベイシアでは、これまで見てきたように作業標準を定め、現場での活用を徹底し、その見直しを継続してきました。作業標準を徹底するためにクラウド型のマ

現状の作業をマニュアル化するだけでなく、
より良いマニュアルへ改訂し続けている
見つけられる
マニュアル数
3,400件
閲覧端末 iPad
各店4台
検索タグ設定
検索履歴から逆引きで
何を調べたかったか確認
月間アクセス数
25,000PV
教育集中期間は80,00PV
使われている
トレーニング機能
新社員・新人BeOP
（SV）習熟
年間改定率
15%
更新
されている
OJT時間の短縮
47,000時間
1店舗1部門10分×6部門
×360日×130店舗

出所：ベイシアの資料を基に筆者作成

ニュアルシステムを活用しています。

マニュアルの管理者は二人で、専属ではなく他業務と兼務しています。マニュアルの年間改訂率は15％であり、ＯＪＴ（オン・ザ・ジョブ・トレーニング）に要していた時間を年間47万時間削減できた実績があります。その削減した時間は、他のより生産性の高い業務に充てています。

正社員が業務経験を重ねた段階ではその習熟度のチェックもしています。習熟度管理表を作成し、管理業務が正しくできているかをチェックすることで、「分かる」だけでなく「できる」もチェックしています。今後はアルバイトスタッフにも習熟度評価の対象を広げ、将来的には習熟度などを人事考課や給与に反映する仕組みの構築も視野に入れているとのことです。

9-5 価値強化

価値を上げる取り組みとしては、「商品開発」と「店舗出店」の両輪を加速しています。

２０２３年3月には、新しいＰＢ（プライベートブランド）として「Ｂｅｉｓｉａ Ｐｒｅｍｉｕｍ（ベイシアプレミアム）」を発表しました。ベイシアの理念である「より良いものをより安く」を、「もっと！」追求することをコンセプトとしています。

このベイシアプレミアムの特徴は、バイヤーが産地に直接足を運び、目利きをし、生産者と信頼関係を構築することで、味や品質がより良いものを低価格で提供することです。これまでも約２０００品目のＰＢ商品がありましたが、それらを順次このＢｅｉｓｉａ Ｐｒｅｍｉｕｍブランドに切り替えていく方針です。

新規店舗の出店も２０２３年後半以降加速していく方針です。標準的な店舗を開業する場合、正社員が約15人、パート・アルバイトが約85人の、合わせて100人規模の人員が必要となります。それらを複数店舗同時に出店し続けていく場合、数百人単位のスタッフが必要となります。既存社員の配置転換などだけでは間に合いません。採用と教育も加速しながら、業務品質を落とさないように作業標準を正しく伝えて浸透を図る必要があります。

その他、売り場の変更にも積極的です。一般的にスーパーマーケットの売り上げは食料品がメインです。しかし、ベイシアは非食品（衣料品や生活用品）の強化を目指し、アパレル業界出身者を登用したり、ドラッグコーナーの店内ショップ化を進めたりしています。売り場単位でも花きやベーカリーといった新たな売り場づくりの試みを進めています。

このような、付加価値向上の取り組みと業務生産性の取り組みは、常に「人時《にんじ》生産性」を共通言語として行われます。「人時生産性（労働時間1時間あたりの粗利益）」をいかに高められるか。そのためにいかにムダなコストを無くし、いかに利益を高めるかの両輪が常に回っています。

例えば店内調理の総菜の場合、材料など原価だけでなく１パックあたりの人件費や作業時間を数値化しています。商品を企画する際にも、コストの面だけでなく作業時間のキャパシティーの面から見ても無理がないかを検証しながら進めるなど、人時生産性に帰着する議論をしています。

9-6 推進力

9-6-1 人時生産性の管理

ベイシアは「人時生産性」の計測と分析を徹底しています。人時生産性は 粗利益÷人時 から算出され、小売業・サービス業などでは生産性を示す指標として一般的に用いられています。算出の精度や頻度は企業によって異なっています。例えばざっくりと従業員数に標準勤務時間をかけた数値を用いる場合や、ある特定の店舗や作業をサンプリング計測し、全体を推計するような場合も少なくありません。

対してベイシアでは、作業時間について、毎日、全店舗の、全員が、全ての作業について実測している点が非常に特徴的です。

図中の左側が「業務量」を算出する流れです。売上計画、需要予測、在庫状況などを基に商品の日々の入荷数量を把握します。同社の標準的な店舗では1日あたり2万～3万個の商品が

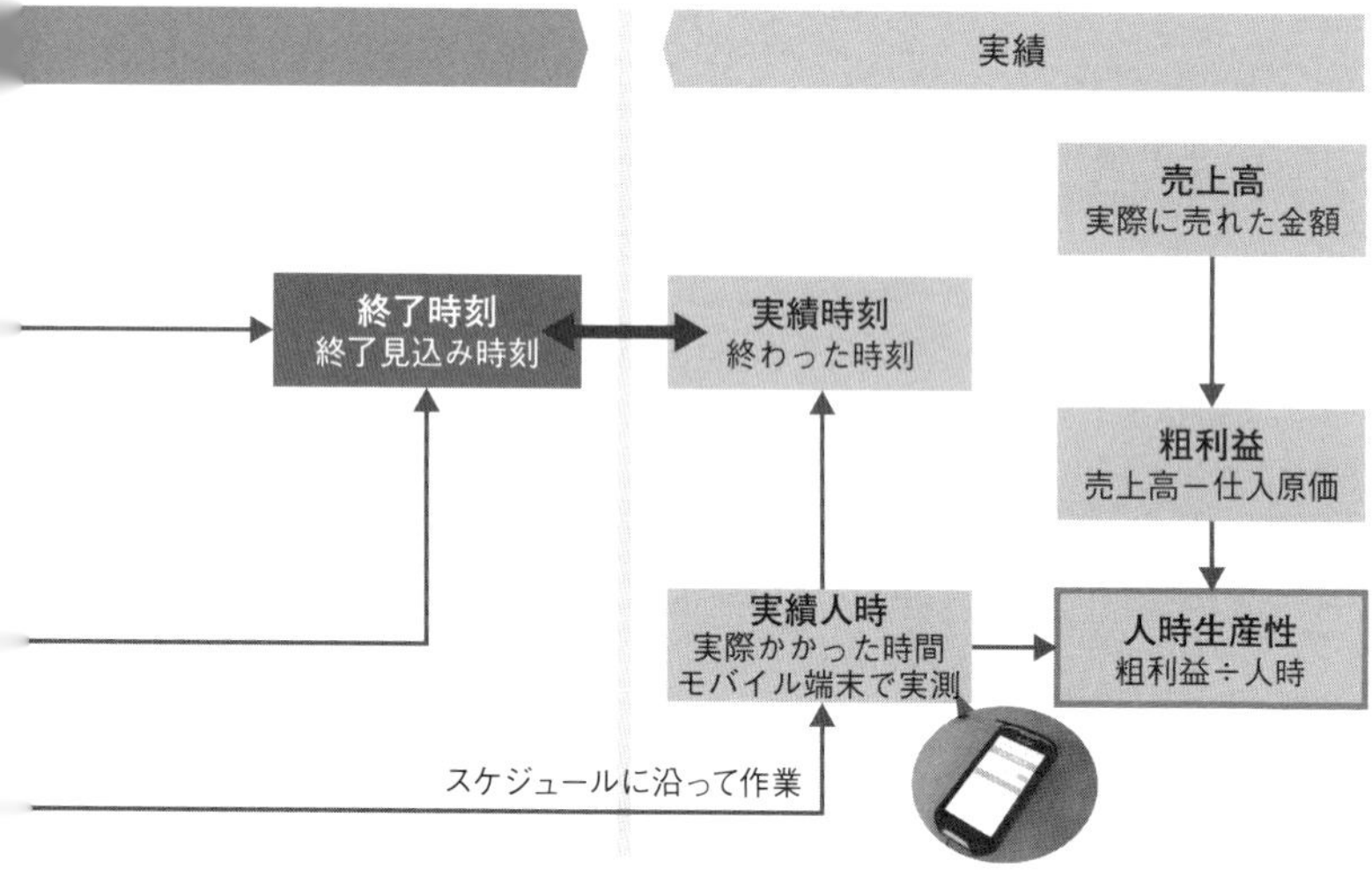

入荷します。なおここでの「1個」とはレジで精算する際の個数単位です。ペットボトルなら1本、菓子類なら1箱といった単位です。過去の実績などからあらかじめ「標準人時（1個あたりの品出しに要する作業時間）」が定められており、入荷数量と標準人時をかけ合わせると、その日の品出し作業に必要な「必要人時（＝業務量）」が算出されます。

品出しの作業をするスタッフ側についても、月次の出勤予定

一つひとつの品出し作業を「秒単位」で標準化し、実測による精査を繰り返す

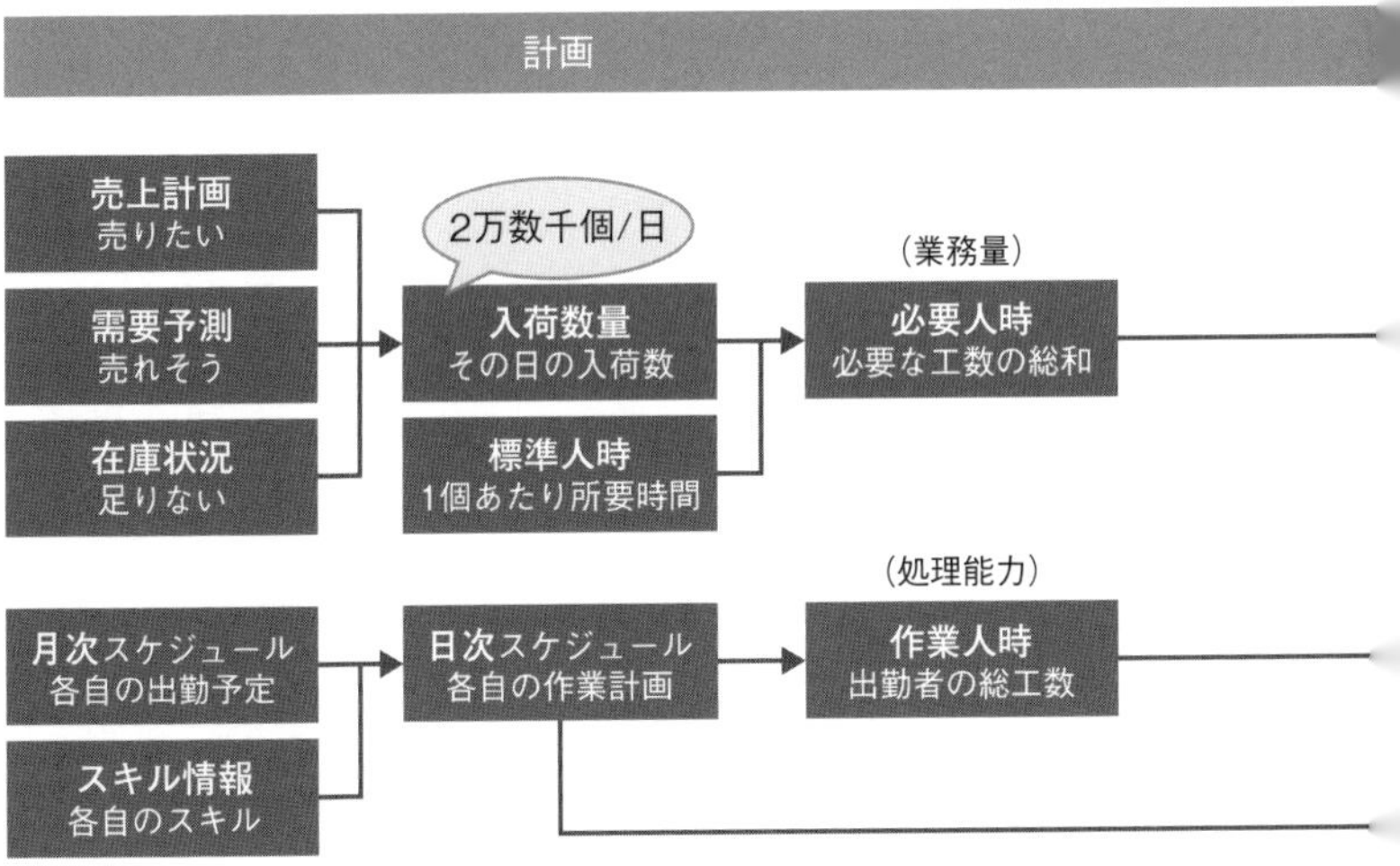

と各自の業務スキル（作業経験）を考慮した「日次スケジュール」を策定しています。この日次スケジュールは、10分刻みで誰がどの売り場を担当するかを定めたものであり、システムで作成したものがバックヤードに掲示されます。ここから当日の「作業人時（＝処理能力）」を算出することから、前述の「必要人時（＝業務量）」と照らし合わせることで、作業終了時刻を予測できます。

同社では、毎朝7時〜10時の時間帯に品出し作業をしていますが、作業終了時刻が10時を過ぎることがあらかじめ予見される場合は、日中勤務のスタッフに品出し業務の一部を引き継ぐなどの調整をしています。

品出し作業をするスタッフは、スマートデバイスを用いて作業の開始・終了を記録していきます。各店舗にはこのスマートデバイスが各10数台配備されています。作業の開始時点・終了時点で自身のＩＤカードのバーコードを読み込み、その作業に要した時間を記録していきます。

こうして記録された全店・全員の作業時間の記録を基に人時生産性が計算され、この数値を根拠にさらなる効率化を図っています。

ベイシアがここまで徹底的に作業時間にこだわるのは、「たった1秒」のもつインパクトの大きさのためです。1日2万個の商品の品出しに要する時間が、1個あたり1秒短くなるだけでどれほどのコストインパクトがあるでしょうか。

2万秒≒5・6時間の作業時間短縮が仮に実現すると、5・6時間×

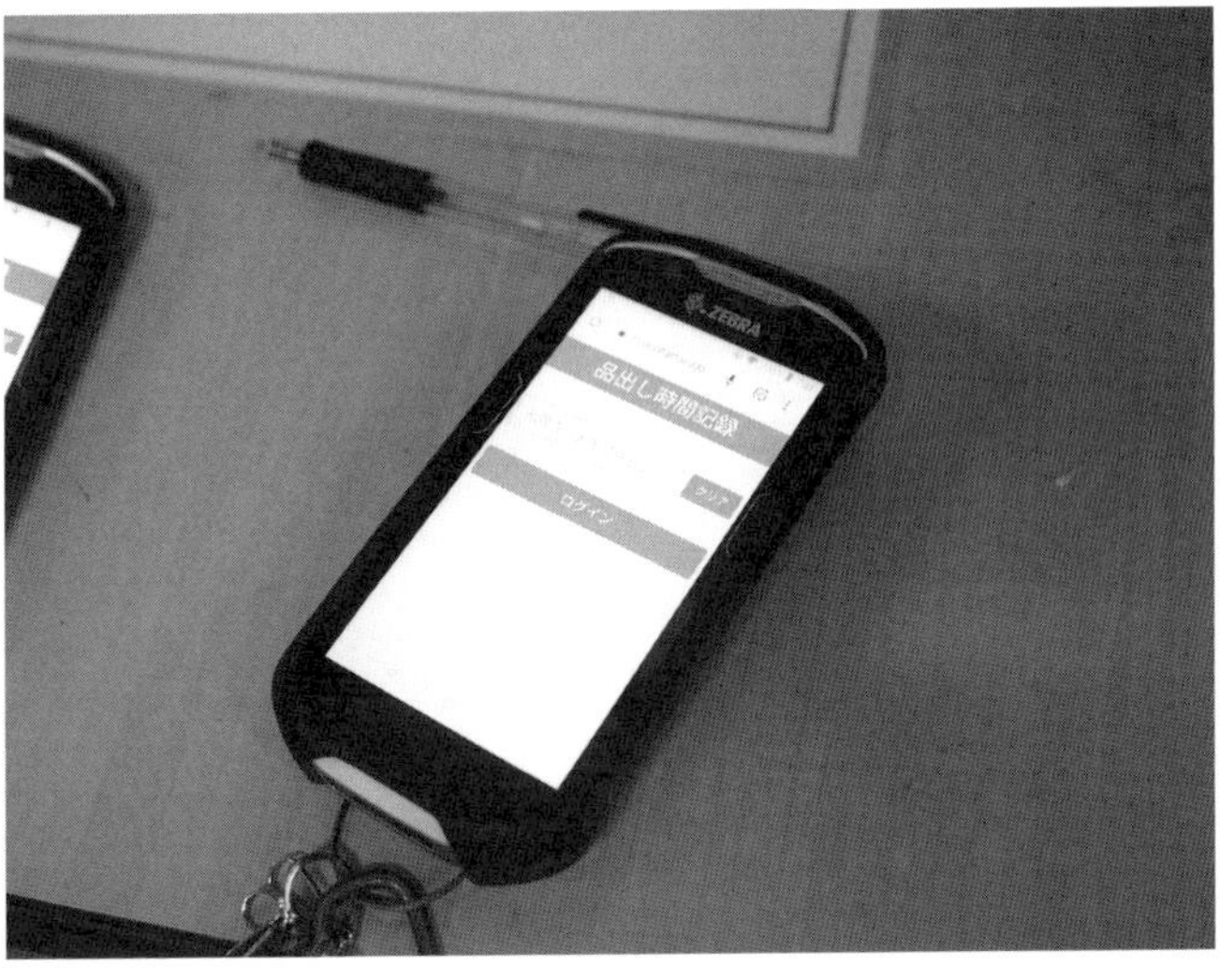

1200円×130店舗×365日＝年3・19億円のコストダウンにつながる可能性があります。同社では、店舗人件費の約20％が品出し業務にかかっているとしており、それを少しでも削減するためにこの1秒を徹底的に追求しています。

9-6-2 改革推進の組織

ベイシアのオペレーション改革を進めるうえでは、「商の工業化推進本部」と「BeOP（Beisia Operation Partners）」というユニークな名前の組織が大きな役割を果たしています。

前者は、前述の通り創業者が提唱した「商の工業化」を推進するために設立された部門であり、100人を超える組織となっています。この商の工業化推進本部は、商品業務（店舗運営全般）、ロジスティクス（物流）、デジタル（IT／DX）について方針を検討・決定する本部機能を担っています。

後者のBeOPは「本部と店舗のつなぎ役」であり、本部が決定した方針・施策を各店舗、各現場に浸透させ、実行を支援する150人前後の組織です。一般的にチェーンストア業態においては、店長経験者などのベテラン社員がSV（スーパーバイザー）となり、各店舗の視察・指導をするような役割を担っています。しかし、ベイシアのBeOPは、入社3年目前後の比較的若い社員が「キャリアパスの登竜門」として任用さ

BeOP(Beisia Operation Partners)の役割

監査業務	・本部施策の実地監査 ・監査結果に基づく課題抽出・改善立案
調査・分析業務	・販売実績と地域情報からの数値改善起案 ・競合調査および調査情報の本部・店舗への共有、対策立案
計画業務	・店舗・部門営業利益の確保と向上につながる施策の企画・立案 ・作業割当・稼働計画作成と修正 ・製造計画作成と指示
育成業務	・担当者指導(成長課題提示と改善促進) ・店舗担当者コミュニケーション(雑談・相談) ・ワーカー作業(単純作業)教育 ・PA社員の人事効果
管理業務	・棚卸・在庫確定 ・食品衛生法に準拠した衛生管理 ・契約区分・法律・規則に則した労働管理 ・設備・備品などの設備保全

出所：ベイシアの資料を基に筆者作成

れることが多く、各店舗でも、店長とスタッフの中間のチーフ的な役割をしています。その業務内容も多岐にわたり、計画業務（作業割当・稼働計画）や育成業務をする点も特徴的です。

組織構造もユニークです。店舗軸でマネジメントを担う「店長」とマトリクス状に交差する形で、部門（売り場）ごとのマネジメントを複数店舗横断で担うのが「BeOP」です。例えばあるBeOPは一つの「ユニット（エリア）」に属するA店からE店まで5つの店舗の精肉売り場を横断的に担当します。この5店舗を巡回しながらマネジメントすることで、精肉売り場のオペレーションについて知見を

店舗マネジメント（店長）		部門マネジメント（BeOP）					
ユニット	店舗	青果	鮮魚	精肉	惣菜	一般食品	レジ
前橋ユニット	A店舗			↓			
	B店舗	→	→	スタッフ			
	C店舗						
	D店舗						
	E店舗						

集中的に深められます。現場スタッフに対するフォローもよりよいものになっていきます。同様に、青果担当BeOP、鮮魚担当BeOPなど各部門を担当するBeOPが一つのチームとなり、近隣複数店舗をグルーピングしたユニット毎にチームを編成しています。

このように、オペレーションの浸透・徹底を担う専属部隊をきめ細かく配置することで、本部の方針・施策を徹底しています。

9-6-3 スタッフの教育、そして今後に向けて

これまで見てきたように人時生産性を計測する「仕組みやルール」、それを支えるBeOPといった「組織体制」を土台としつつも、最も重要なのがスタッフ一人ひとりの自律的な行動です。ベイシアでは、スタッフ入社時にマニュアルを使って基本動作を教えています。最初に教えるのが「時間意識」に関するものです。次いで、歩く速さや両手による作業、作業姿勢といった基本動作も教えています。ベ

ベイシアのスタッフ向けマニュアルの例

時間の意識
早02-01　基本動作：時間意識
作業は時間を意識します。 目的：自分のペースにな …
1,701
2022/06/24 17:02
早02-02　基本動作：歩行速度
業務中の歩行速度です。（厚生労働省の歩行速度資料…
1,402
2022/03/02 16:16
早02-03　基本動作：両手作業
片手で作業はしません。両手で作業します。 目的： …
1,453
2022/03/02 16:16
早02-04　基本動作：作業姿勢
作業中に特に気をつける姿勢です。 目的：体に負担 …
1,359
2022/03/02 16:16
早02-05　基本動作：カートの運搬
台車（カートラック）の運び方です。営業時間前は一…
1,302
2022/11/01 13:02
早02-06　基本動作：台車との距離
売場・台車・自身の距離を縮めて作業します。 目的 …
1,400
2022/03/02 16:18
早02-07　基本動作：段ボール開け方
テープで閉まっている段ボールはカッターを使用しな…
1,620
2023/03/24 08:49
早02-08　基本動作：先入れ先出し
賞味期限を確認して、期限の近いもの（古いもの）か…
1,961
2023/01/06 15:10
早02-09　基本動作：アドレスが分から…
アドレス（陳列箇所）が分からない商品の扱い方です…
1,571
2022/11/30 10:22
早02-10　基本動作：出し切る

イシアのスタッフとして業務にあたる際の心構えから基本動作までをしっかりと身につけてもらい、意識と知識の統一を図っています。

これらの基本動作を念頭に置きながら、日々の品出し作業の前後には朝礼・終礼を通して、当日作業の注意点や良かった点、改善点の振り返り、マニュアルで定められた内容のおさらいなど、コミュニケーションを密にとっています。リーダーからスタッフへの声がけ、フィードバックを丁寧にすることで、テキパキとしたよい緊張感を保った現場の雰囲気が醸成されています。

ベイシアは今後年間売上高５０００億円、さらにはその先の１兆円の達成を目標としています。事業の拡大には、店舗や従業員の拡大が避けて通れず、そのマネジメントの負担も大きくなっていきます。同社は、これまで見てきた「商の工業化」での仕組みづくりを基本方針とし、業務フロー（運用ルール）、道具・技術（ＩＴ・ＤＸ）、組織（役割分担）のそれぞれの側面から、拡大にも耐え得る仕組みづくりを進めています。

第10章

事例編

一の湯（宿泊施設）

リーンオペレーションの実践例として、ベイシアに続き、宿泊業を営む株式会社一の湯の取り組みを紹介します。同社は「宿泊の常識を変え、宿泊によって日常生活の豊かさを提案する」という経営理念を掲げており、その実現に向けてリーンオペレーションの5つのステップを網羅的かつ継続的に実行しています。

株式会社一の湯

創業1630年（寛永7年）、393年以上の歴史を誇る老舗温泉旅館。2023年現在、箱根エリアに9施設を運営

従業員数　約200人

同社の取り組みをリーンオペレーションのフレームワークに

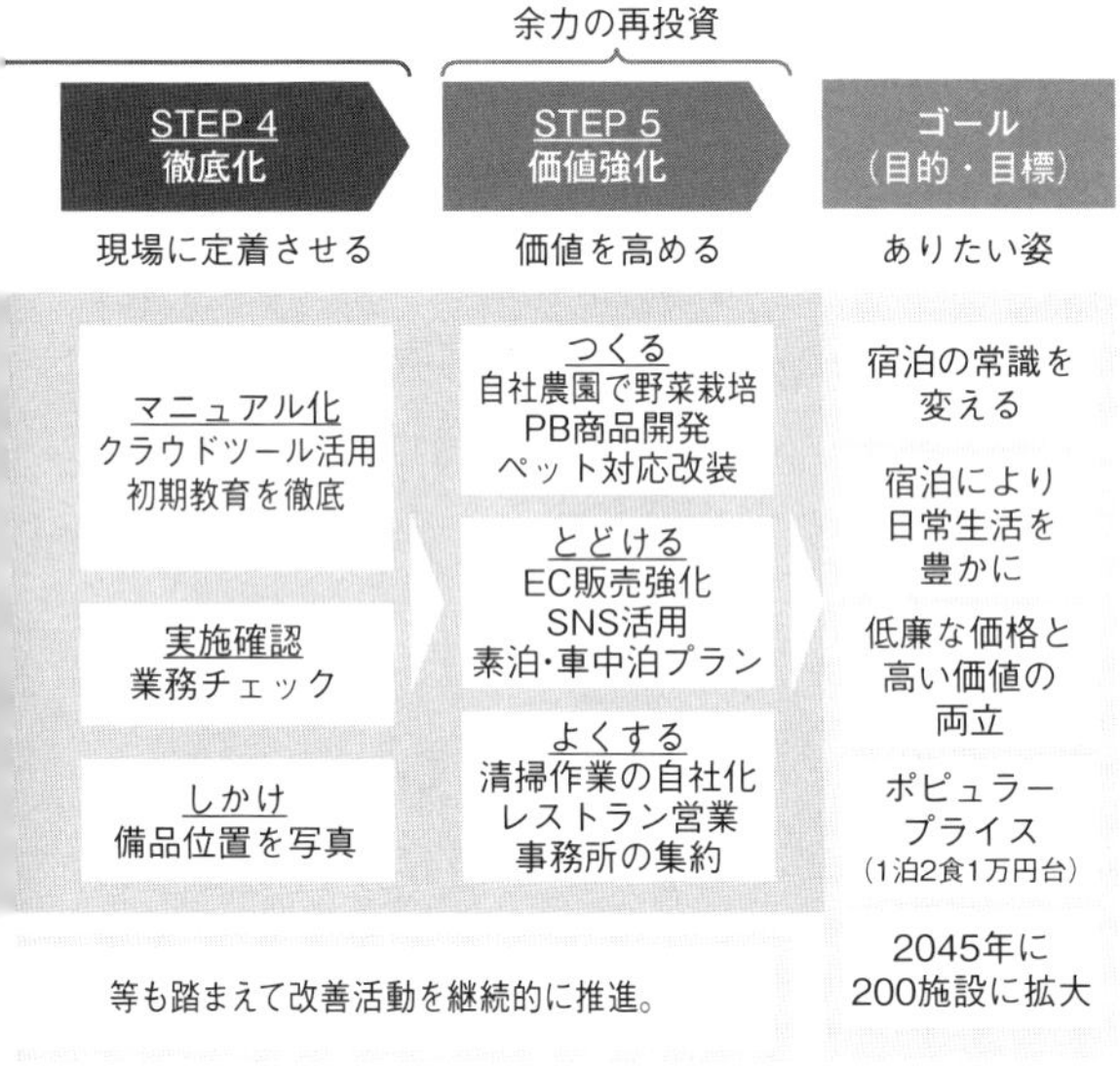

沿って整理すると、以下のようになります。一つひとつの施策実施時期の前後関係は異なる部

一の湯におけるリーンオペレーション化実践の全体像

オペレーションのムダ・ムラ・ムリをなくし、余力をつくる（＝分母を小さく）

オペレーション5つの視点	STEP 1 可視化 現状を把握する	STEP 2 標準化 「型」に落とし込む	STEP 3 単純化 シンプルにする
ヒト	200人 「中抜け」問題	スキル 全員が再現可能な	なくす 仲居・下足番 食事の部屋提供 部屋の布団敷き
モノ	10施設での 分散運営	道具 全店同じ道具で	減らす 会議40分ルール
時間	時間的・身体的に 負担大きい	時間 最も早くできる	寄せる セントラルキッチン 購買倉庫 受付センター
プロセス	陳腐化した 紙マニュアル	動作 歩行速度や一礼	
ルール	手段先行で 理念浸透せず	手順 盛り付け順序など	任せる 顧客案内電子化 採用活動Web化
推進力	「業務システム部（4人）」を専属組織化。人時生産性を指標に、顧客アンケート		

分もありますが、個々の活動を継続的に積み重ねてきたからこそ、全体として網羅性のある取り組みとなっています。

10-1 「日常生活の豊かさ」

箱根は年間2000万人もの観光客が訪れる国内有数の温泉観光地であり、ホテル・旅館などの一般客向けが約200施設と企業保養所が約200施設、あわせて約400の宿泊施設があると言われています。競合がひしめく中、一の湯は「チェーンストアマネジメント」の考えを取り入れながら経営改革を進めています。

同社の第16代社長である小川尊也《たかや》氏は、社長就任直後、従業員に「当社の経営理念って分かりますか？」と質問を投げかけたそうです。すると「理念？『人時《にんじ》生産性を高める』ですか？」といった回答が大半で、理念ではなく手段先行となっている状態に強い危機感を覚えたといいます。

そこで、経営の方向性を明確にするため、経営理念、ビジョンの策定に着手しました。「数字で表すことのできない壮大な夢」であり「社長を含む全ての社員の、全行動の基本」となるものが「ロマン・経営理念」です。そして「長い期間をかけてもたどり着きたい到達点への道のり」を「ビジョン」と位置付けています。具体的には次のように定めました。

ロマン・経営理念：宿泊の常識を変え、宿泊によって日常生活の豊かさを提案する

ビジョン：2045年に200施設の達成

「日常生活の豊かさ」という言葉には、旅館での宿泊体験を日常的に楽しんでもらいたい、ライフスタイルの一部として日常的に支払えるような価格帯にしたいとの思いが込められています。具体的に「ポピュラープライス（誰もが支払いやすいリーズナブルな価格）」として1泊2食付き1万円台という価格帯を明確に定めました。

これは、1泊2食3～5万円が相場とされている箱根エリアでは非常に特徴的な価格設定です。一般的には「価格が高ければ価値が高い」「価格が安ければ価値が低い」という思い込みがあります。それを打破してリーズナブルな価格と高い顧客価値の両立（安かろう良かろう）を目指すという同社の強い意志を込めたものとなっています。

実は、同社も過去には3万円以上をメインの価格帯としていたことがあります。しかし、その価格帯での経営的苦境から脱却するために、大きな構造転換を図るべく、現在の「チェーンストアマネジメント」の思想を基にしたモデルへと転換しました。

従来：少施設×低稼働×高単価
現在：多施設×高稼働×低単価

このビジネスモデルの転換は、施設数、稼働率、単価のいずれの考え方も変えることを意味しており、その実現のために次に示す施策を行っています。

10-2 可視化

一の湯は生産性の指標として「人時生産性（労働時間1時間あたりの粗利益）」を活用しています。人時生産性を正確に把握するには、何にどれくらいの労働時間（1分単位で）を費やしているか、粗利益（＝売上高－売上原価）の算出根拠となる仕入れ原価や売上原価はいくらかを精緻に測定する必要があります。人時生産性の測定を始めた1990年頃は、10日単位での大まかな測定でしたが、今では日次で測定し週次の経営会議でモニタリングしています。

この「人時生産性」を仮に2倍に高めようとすると、単純に言えば総労働時間を半分にするか、粗利益を2倍にする（つまり売上原価を大幅に削減する）かになります。しかし、過度に原価を削減するとダイレクトに食事などのクオリティー低下を招きます。そのため、同社は「顧客価値を下げずに、労働時間をいかに削減するか」という視点を重視しています。

その業務改善活動の中心的役割を担うのが「業務システム部」です。同部のメンバー（現在は4人）は、いずれも施設での現場業務（フロント、清掃、レストランなど）の経験者です。この業務システム部が中心となり、業務に要する「時間的負担」と、重い・大きい・遠い・高いなどの「身体的負担」を調査・分析し、改善策の実行を推進しています。

可視化の結果、「朝夕の食事提供」が時間的にも身体的にも負担が大きい業務であることがより鮮明となりました。食事は準備と片付けも含めて同じ時間帯に一斉に対応をしなければなり

業務一覧表（フロント、キッチン、ホール、清掃と業務区分ごとに作成）

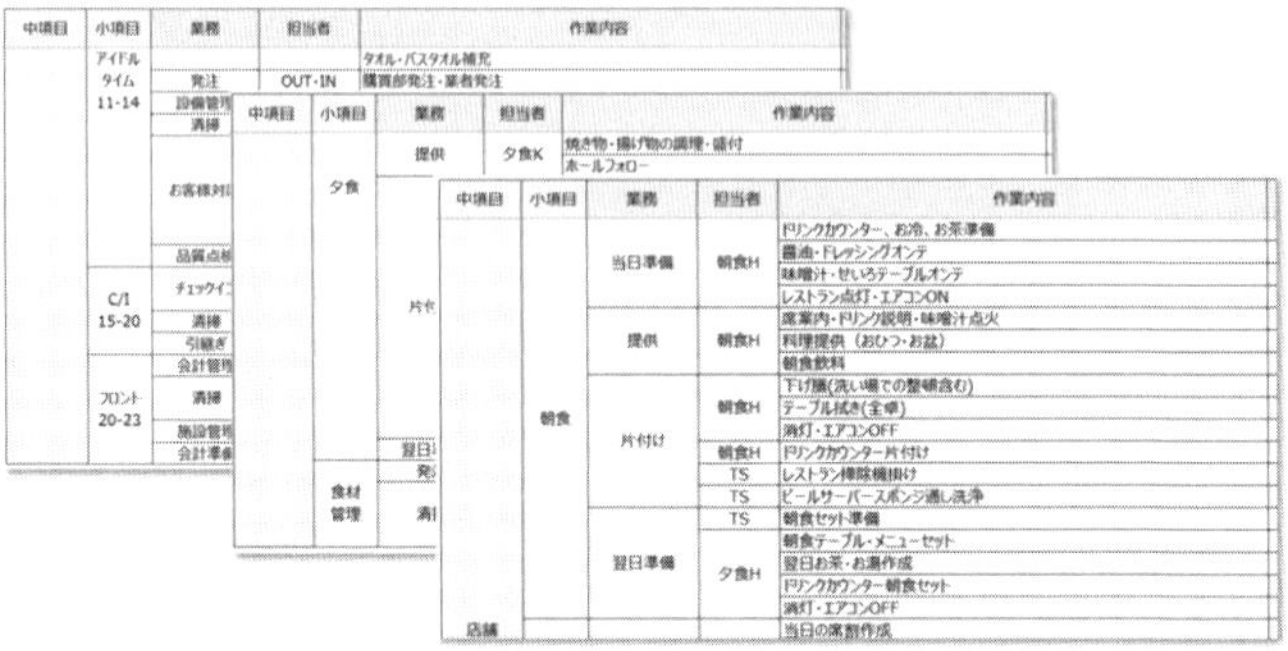

中項目	小項目	業務	担当者	作業内容
	朝食	当日準備	朝食H	ドリンクカウンター、お冷、お茶準備
				醤油・ドレッシングオンテ
				味噌汁・せいろテーブルオンテ
				レストラン点灯・エアコンON
		提供	朝食H	席案内・ドリンク説明・味噌汁点火
				料理提供（おひつ・お盆）
				朝食飲料
		片付け	朝食H	下げ膳(洗い場での整頓含む)
				テーブル拭き(全卓)
				消灯・エアコンOFF
			朝食H	ドリンクカウンター片付け
			TS	レストラン掃除機掛け
			TS	ビールサーバースポンジ通し洗浄
		翌日準備	TS	朝食セット準備
			夕食H	朝食テーブル・メニューセット
				翌日お茶・お湯作成
				ドリンクカウンター朝食セット
				消灯・エアコンOFF
店舗				当日の席割作成

ません。ここをいかに少人数で効率的に対応できるかが重要となります。

宿泊業全体の課題である「中抜け」の問題も顕在化しました。次ページの図は、一般的な宿泊業の業務サイクルを簡易的に表現したものです。宿泊客は、夕方到着し食事・入浴・就寝をして翌朝の食事後まで滞在します。施設側は、夕方から夜の時間帯（チェックインから夕食対応）と午前中の時間帯（朝食からチェックアウトまで）に業務が集中します。このタイミングが一日2回あることを踏まえ、そのピークにあわせた人員体制を整える必要があります。さらに、フロント担当、食事担当、清掃担当と分業している場合、それぞれの担当者を各ピークにあわせて確保しなければなりません。

しかし、逆にピーク時間帯以外は業務量が少なく「手持ち無沙汰」になります。特に、客室清掃を外部の清掃会社や清掃専門スタッフに任せている場合は、チェックアウトからチェックインまでの昼間の時間帯の業務が極端に少なくなります。

そこで「中抜け」として長時間休憩としたり、近隣に住む従業員であれば一旦帰宅したりすることが慣例化していました。労働時間上は一見妥当に見えますが、実質的には早朝から夜遅くまでの拘束状態となり、従業員の「働きやすさ」を阻害する要因となっていました。

10-3 標準化

複数の施設を有する一の湯では、施設によってハード面（建物や設備）が異なっています。し

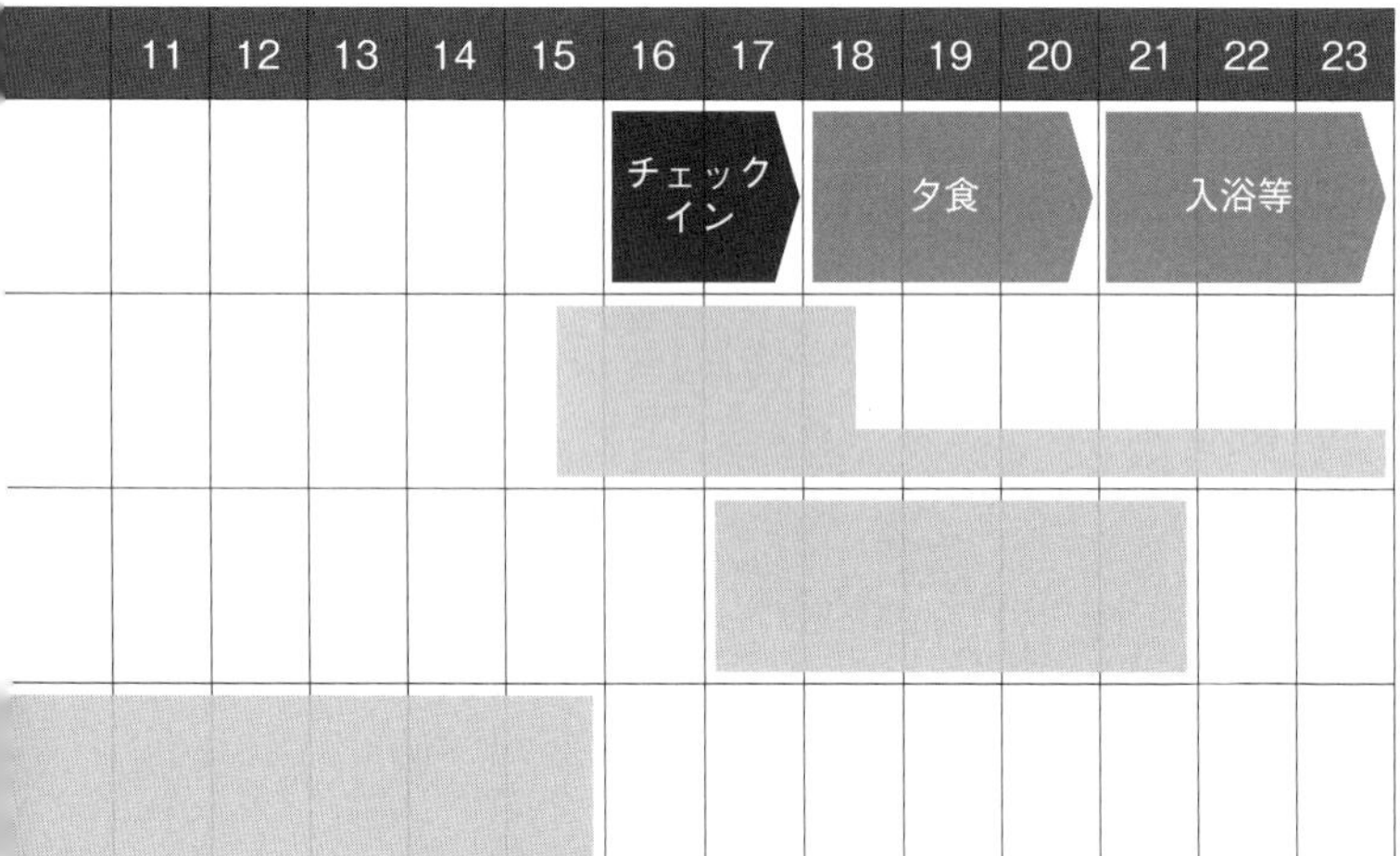

かしソフト面（サービスや業務）は全施設共通であり、標準化を基本方針としています。

例えば最も基本的な動作である「歩行」についても、「施設内での適切な歩行速度」を定め、動画マニュアルにして共有しています。速すぎると気ぜわしく見えますし、遅すぎるとダラダラしているように見えてしまいます。200人が日々「歩行」に費やしている時間の総量を考えると、歩行速度を一定にして、「遅すぎる」をなくすことで「歩

一日の業務サイクルイメージ

フロント、食事、客室清掃の業務タイミングが異なる

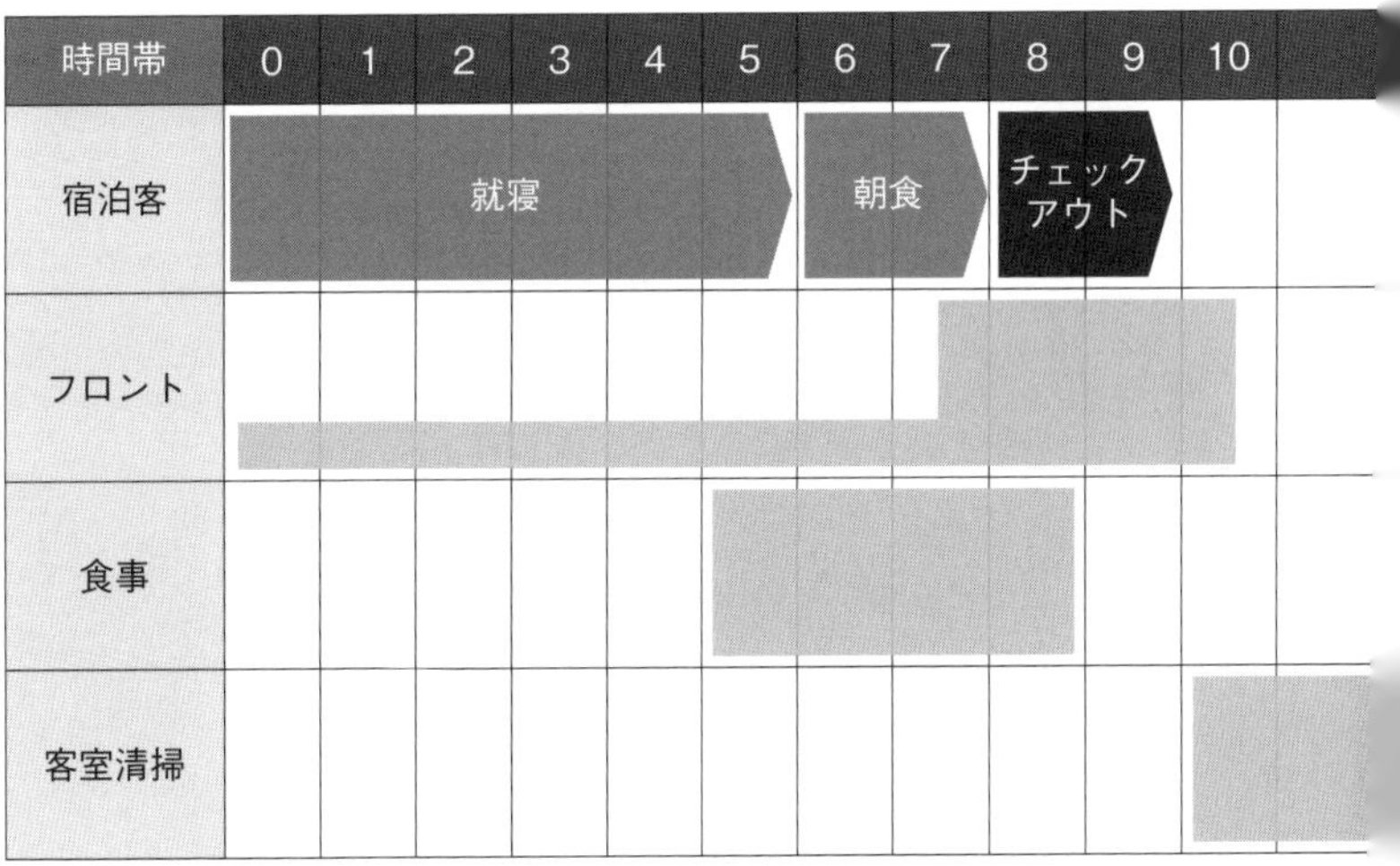

行時間」を削減できます。わずかな変化でも、その積み重ねは無視できません。「一礼の仕方」のような感覚的になりがちな部分も標準的なやり方を定めています。食事を提供する際も、「盛り付け時の順番」や「皿の並べ方」は全施設共通の作業標準を定めています。

標準と呼べるようなものがない状態の場合は、業務システム部が主導して「実験的な標準」を定めていきます。何人かの動作・作業を分析し、最も速くてきれいな人の動作を観察し、その特徴を再現する方法を「実験版マニュアル」としてまとめていきます。最速ではない人はこれまでのやり方を変えなければならず、多少抵抗感はありますが、どの点がよいか（根拠）、どのくらいよくなるか（効果）を丁寧に説明することで、理解を得ることを重視しています。

標準を全施設に展開する際は「スモールスタート」の考え方を大切にしています。まずは1施設で実験し、課題を改善して2～3施設に、そして全施設へと「実験と改善」を重視しつつ段階的に展開することで、施策そのものの磨き込みと理解の醸成を両立させています。

10-4 単純化

一の湯が高単価帯経営をしていた時期、20室の運営に50人程度のスタッフを必要とする「超労働集約型」になっていました。仲居、宴会担当、フロントやバックヤードなどあらゆる業務の人件費負担が非常に重く、収益性を改善しきれずにいました。

そこで、低単価路線に切り替えるとともに、多くの「やめること」を断行しました。同社は、それを「トレードオフ」と呼んでおり、これまでは何らかの理由があって実施されていたものの、やめることで生産性を高められそうなことを次々と実践しています。

例えば温泉旅館では一般的な仲居や下足番、部屋食（客室での食事提供）を廃止しました。下足番を廃止する代わりに、居酒屋などでよく見る鍵式のシューズロッカーを導入しました。仲居は、チェックインが集中するピークタイムに各部屋への案内と荷物の運搬をする必要があり業務負荷が高かったため、廃止してフロントで各部屋への行き方を案内するように変更しました。

部屋食の提供は、厨房や配膳口から客室まで仲居が何往復もするため、時間的・身体的負担が大きい業務の一つでした。宿泊客にとっても、自分のペースで食事を楽しめず、次の料理が運ばれてくるまで待たされたり、会話が途中で遮られたりといったネガティブな側面もありました。そこで、部屋食を廃止し、夕食・朝食ともにレストランでの食事提供に切り替えました。

部屋での布団の上げ下ろしも廃止しました。宿泊客にとって、食後や入浴後の余韻に浸りたいタイミングに布団を敷かれたり、朝食後にもうひと眠りしたいのに布団が片付いていたりと「わずらわしい」と感じられる部分もありました。そこで、布団の上げ下ろしは宿泊客自らするように変え、布団を簡単に敷けるようあらかじめシーツをかぶせた状態にしました。

これらの「やめること」は、サービスレベルや顧客満足度の低下につながりかねません。そこで同社は顧客アンケートを実施し、アイデアの是非を顧客に問いかけています。その結果、前述のアイデアはいずれも好意的な反応が多く、クレームの発生にはつながらなかったため、全

「塔ノ沢 一の湯本館」のレストラン

施設での本格実施に至りました。「手厚いサービス」と「わずらわしいサービス」は表裏一体ですが、ポピュラープライスという経営理念の実現のために、これまでの「当たり前」や「常識」を疑い、変え続けています。

「なくす」だけなく「寄せる（集める）」施策にも取り組んでいます。

各施設に分散していた厨房も「セントラルキッチン」として1カ所に集約しました。調理設備、

客室の押し入れにはシーツをセットした状態の布団が置かれている

調理スタッフの集約だけでなく、食材の有効活用にもつながっています。２０２２年には「盛り付けセンター」を新たに併設し、以前は各施設でしていた盛り付け作業も集約しました。これにより、９施設分の食事（毎食約３００食〜）をセントラルキッチンと盛り付けセンターの各５人程度、合計10人程度で一気に調理・盛り付けする体制としています。

セントラルキッチンへの集約に伴い、キッチンから各施設へ

セントラルキッチン

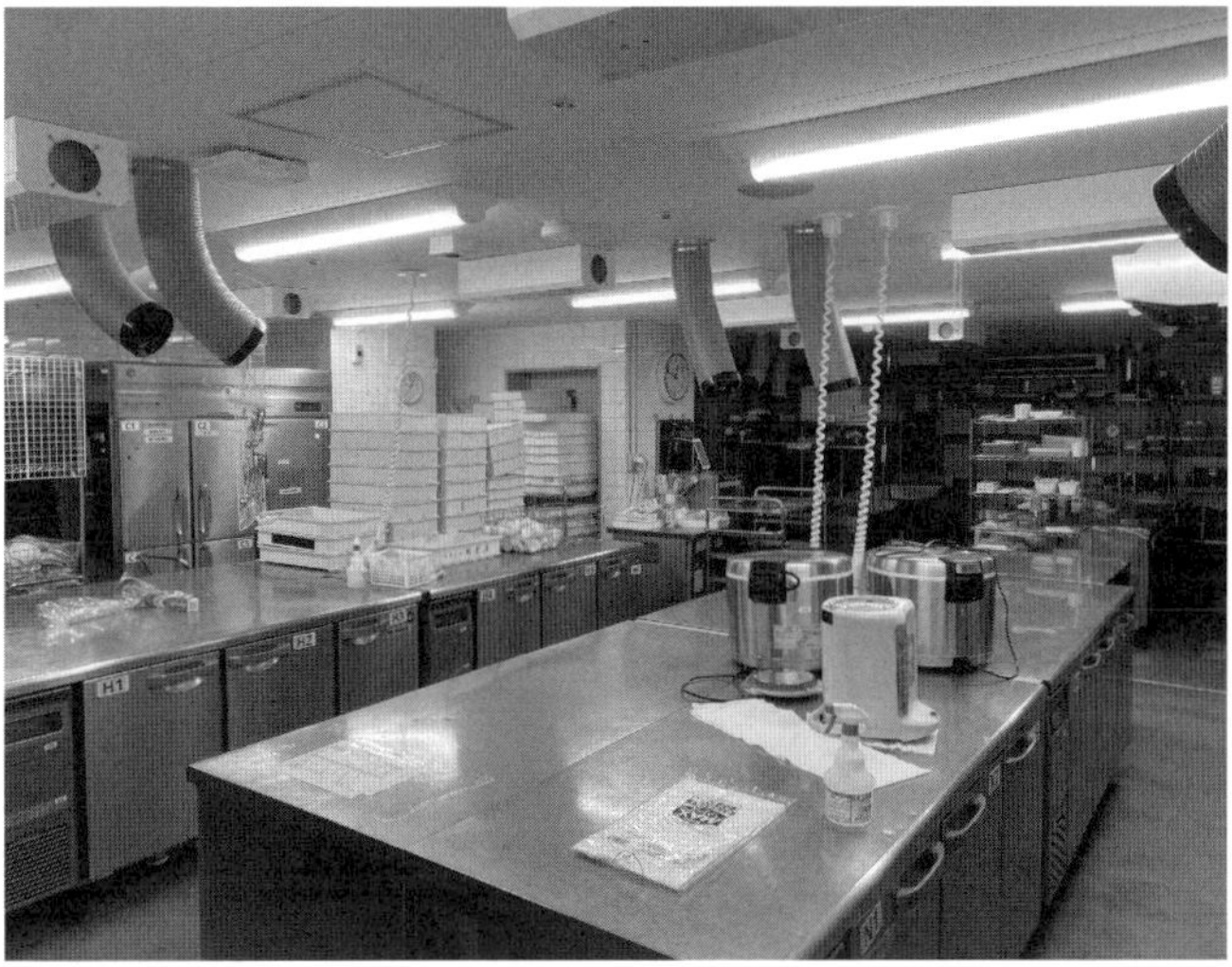

の運搬が発生します。同社の施設は箱根エリアに集中しており、全ての施設がキッチンから車で30分以内の距離にあります。同社は冷蔵トラックを自社で運行しており、温度を保ったまま各宿泊施設に運搬できます。

そのほか、デリバリーセンター（購買倉庫）の設置や、予約センターによる受付業務の集約などにも取り組んでいます。ラップ、ビニル手袋、洗剤、カセットコンロのボンベ、固形燃料、トイレットペーパー、アメ

盛り付けセンター

ニティーグッズ、文房具など、旅館では日常的に多くの資材を購入しています。以前は各施設で購入・管理していましたが、デリバリーセンターに物資や情報を一元化することで、ムダな在庫調整や連絡などが発生しなくなり、効率化を図れています。

冷蔵トラックを自社運用し、各施設に食事を配送

さらには、日常的な業務を「減らす」ために会議時間の上限を40分とするルールを設け、「任せる」こととしてITを積極的に活用。各部屋での顧客案内の電子化や採用活動のWeb化などの各種改善も積み重ねています。

こうした改善のアイデアは、業務システム部だけでなく生産性向上プロジェクトのメンバーによるボトムアップの発案も多く、現時点でも「温泉管理の自動化

（センサー化）」や「客室清掃への自動掃除機の導入」など数々のアイデアの検討や実験が進められています。思い切った改善のアイデアは、ともすると「過去や現状の否定」に見えてしまい、今までのやり方が悪かったかのように受けとめられてしまうことがあります。歴史の長い同社であれば、なおさらです。

しかし、やる／やらないは、完全に費用対効果で定量的に判断するようにしています。導入にかかる費用（イニシャルコスト）と、それによる削減効果（ランニングコスト）を数字で評価し、過去の経緯や感情に左右されないようにすることで、聖域のない思い切ったアイデアの実行に結びついています。

10-5 徹底化

本部のアイデアやルールを現場に落とし込む「徹底化」も重要です。現在同社は9施設を展開していますが、将来的には２００施設を見据えており、そこに至るまでに9施設、30施設、１００施設のように節目ごとの壁に直面する可能性があります。その壁を着実に乗り越える「徹底化」の仕組みとして、マニュアルのクラウド化に取り組んでいます。

もともと同社にはファイリングされた分厚いマニュアルが存在していました。しかし、小川社長の就任当初、それらが10年以上全く更新されておらず、活用もされていない状態でした。そこで、1年かけて従業員個々に配布するための12冊の冊子タイプに刷新しましたが、携帯性はよいものの従業員の人数分の印刷と配布の手間がかかっていました。

そこで、現在はクラウド型のマニュアルサービスを活用し、パソコンやタブレットで共有しています。クラウド化することで、印刷や配布の手間が軽減されるだけでなく、動画の活用も可能となりました。挨拶、手洗い、歩行など動きを伴うマニュアルを共有するうえで表現力も大きく向上しています。

では、同社がそこまでしてマニュアル活用を重視する理由は何でしょうか。

それは多拠点展開するうえで「マニュアルがないことによるデメリット」があまりにも大きすぎるからです。マニュアルには「マニュアル人間」といった表現があるように、自主性を奪うようなネガティブなイメージがあります。一方、多拠点で多くのスタッフが業務手順を共有するにはなくてはならないものです。マニュアルがないことで起こり得る悪影響には次のような例が挙げられます。これらが連鎖的に大きくなるため、それを回避するためにマニュアルを

スマートフォンでもマニュアルの閲覧が可能

積極活用しています。

マニュアルがないと……

①業務の標準が不明確になり
　正しい業務のやり方が不明確
　成果・完了基準が不明確
②教育が非効率・不正確になり
　従業員本人での自己成長ができない
　精神論的な指導・育成になる
　教育の効果が測定できない
　評価が主観的になる
③業務の効率と品質が悪くなり
　作業品質が人によりばらつく
　作業時間がかかる

分業ができなくなる

④お客様の満足度を損なってしまう

コスト増、品質悪化により顧客満足を損ねる

マニュアルを定めるだけでなく、業務内でスムーズにマニュアルを定着させるための「しかけ」も重要です。例えば厨房のディッシャー（盛り付け器具）の正しい収納位置を「シルエット」で添付しており、自ずとそこに片付けるような工夫もしています。

一の湯では従業員向けのマニュアルだけでなく、客室での「宿泊案内」にも同システムを活用しています。９施設２００部屋を有する一の湯では、宿泊案内を更新するだけでも大きなコストがかかります。内容が変わらなくとも、使っているうちにボロボロになってしまうこともあります。そうした更新や管理の負担を軽減できるばかりでなく、宿泊客はＱＲコードを参照することで常に最新の情報を知ることができ、双方にとって大きなメリットとなっています。

10-6 価値強化

一の湯では、前述のような経営改善の結果を基に、さらなる価値強化に着手しています。

例えば地元の農家と協力し、野菜栽培を始めました。地元の空いている農地を活用し、大根、玉ねぎ、かぼちゃなど様々な野菜を栽培しています。旬の季節野菜をタイムリーに提供できるようになっただけでなく、食材費の削減も実現

ハサミやディッシャーの返却位置を「シルエット」で表示、サイズは色で識別

しました。9施設分のまとまった量の野菜を安定的に消費するからこそ実現できた取り組みです。

PB（プライベートブランド）として、ラーメン、カレー、ドレッシングなどの食品、シャンプー、トリートメントなどのヘアケア商品などの開発もしています。施設内の売店やECサイトで販売するだけでなく、地域のスーパーマーケットにも販路を拡大しています。中でも、ラーメンは累計8万食を販売するヒット商品になっています。

そのほか、新型コロナウイルス禍で集客に苦戦していた施設については、ペット同伴で宿泊できる施設に変更しました。以前からペット同伴での宿泊ニーズはありましたが、ドッグランを設けたり、各部屋にペット用備品を配置したりといった対応をしました。箱根エリアでもペット可の施設は限られるため、集客力向上につながっており、施設の稼働率・リピート率ともに高くなっています。

これらは、いずれも新たな価値を「つくる」活動であり、集客、売り上げといった直接的な業績向上につながるだけでなく、企業イメージの向上にも結びついています。

「つくる」と同様に「とどける」も重要です。ＰＢ商品のネット通販や、ＳＮＳの活用による集客改善などにも取り組んでいます。コロナ禍初期の頃に打ち出した「まじでコロナウイルス勘弁してくださいプラン」は、創業３９０年を迎えた同社が打ち

PB（プライベートブランド）商品を売店で販売

出した1人3900円の格安プランです。SNSで一気に情報が拡散し、同プランはすぐに完売となりました。

同じように「おこもり（素泊まり）プラン」や駐車場での「車中泊プラン」など、工夫をこらしたプランを開発し、SNSで広く告知することで、新規顧客の獲得につなげています。特筆すべきは、併せて清掃作業の自社化やレストランの運営も始めた点です。これらはそれぞれ外注費削減やレストランでの売り上げ獲得といった狙いはありますが、さらに「中抜け問題への解消」といった側面も持っています。

前述の通り、宿泊業の構造的課題である「中抜け」を解消すべく、業務量が少なくなる日中の業務として清掃業務やレストラン業務を始めました。これにより従業員は、朝から日中、夕方まで連続して業務に従事できるようになり、勤務時間の分断がなくなります。その結果、シフトを組みやすく、かつ有給休暇も取得しやすくなるなどの効果も生まれています。

こうした価値強化の取り組みは、営業やマーケティングのチームが主導しており、業務改善を担う業務システム部とは役割を分けています。現場（直接部門）で生産性を上げるからこそ、間接部門による価値強化の取り組みに時間を再投資できる――。まさに好循環の例です。

10-7 推進力

前述の活動の中心的役割を担っているのが業務システム部であり、2015年に設立されました。現社長の小川氏が一の湯に入社した際、ファイリングされたマニュアルが10年以上更新されていないことを知り、1年がかりでマニュアルのリニューアルをするために組織化したのが始まりです。最初は一人でしたが、取り組みを加速するために増員し、現在4人体制になっています。

業務システム部のメンバーは、現場業務（フロント、清掃、レストラン）の経験者の中から、「業務への分析的な視点」や「新しいアイデアへのフラットな姿勢」などの適性を考慮して選任されています。

改善活動は、現場の「新しいアイデアへの抵抗感」と推進役である業務システム部の「変えたほうがいい」という思いが対立することもあり得ます。しかし、一の湯の業務システム部は、現場経験者であるからこそ双方の立場や思いを深く理解できます。業務システム部から再び現場部門に戻るメンバーもおり、双方の橋渡し役にもなっています。

施策展開時には「根拠と効果の説明を尽くして」「トライしてみる」「フィードバックがあれば変えていく」というスタンスを重視しており、理論や理屈だけのトップダウンアプローチになりすぎないように配慮しています。

経営上の重要なKPI（指標）として「施設ごとの人時生産性」は毎週必ずモニタリングしています。この数値は全社に公開しており、マネジャー以上の層はもちろん、スタッフの意識醸成にも重要な役割を果たしています。

これまで見てきた通り、一の湯はリーンオペレーションの5ステップを継続することで、ビジョン（2045年200施設）や経営理念（ポピュラープライスな宿泊体験により日常生活を豊かに）の実現にまい進しています。一つひとつの施策／アイデアを断片的に行うのではなく、各ステップでの着実な取り組みを連続・継続している点が重要です。今後に向けた準備中のアイデアも多数あり、旅館だけでなく、他の業態、運営受託などへの挑戦もするとしており、さらなる進化が期待されます。

おわりに

人口減少に歯止めがかからない日本。

その未来を少しでも明るいものとして子や孫の世代に継いでいくためにも、私たちは企業・事業の生産性をできるだけ高めていかなければなりません。

「生産性を高めたい」――。あらゆる企業がそう考え、行動を起こしているにもかかわらず、なかなか結果に結びつかないのはなぜでしょうか。その疑問こそが本書の出発点であり、解決の方向性の一つが、幾度となく示してきた「リーンオペレーション実現のフレームワーク」です。

＜フレームワークのポイント＞

企業や事業のありたい姿、ゴールを明確にする

オペレーションの構成要素を「5つの視点」から捉える
可視化：現状を定量的・具体的に把握する
標準化：自社ベストを「型」に落とし込む
単純化：業務をなくしたり減らしたりして、できるだけシンプルにする
徹底化：現場に定着させる
価値強化：付加価値を高め、組織を強くする
推進力：専門組織により、取り組みを継続的に推進する

あらためて一つひとつの項目を見ると「当たり前」に感じる部分があるかもしれません。それぞれの項目に関して、本書の各章を詳しく読んでいただいても、何か一粒飲めば万事解決する「万能治療薬」のような施策や手段、ツールが紹介されているわけでもありません。

「じゃあ何をすれば一番効果があるのだろう」。その疑問こそが、リーンオペレーション実現に向けた第一歩になります。

「リーンオペレーション（＝筋肉質な状態）」とは、「オペレーションのムダ・ムラ・ムリをなくすための改善活動（＝ダイエット）」と「価値強化（＝トレーニング）」を一連のサイクルとして継続して実行することです。さらに言えば、組織全体で継続的に問いを立て、施策を実行し続けるマインドや姿勢そのものが、成功の条件でもあります。

「何かすぐに役立つ最新情報」を急いで求めることをせず、フレームワークの全体像を見ながら「当社はどこができて、どこができていないのか」と俯瞰《ふかん》し、「次のステップでは具体的にどういうアクションをとるべきか」を関係者で侃侃諤諤《かんかんがくがく》の議論をし、そして実施したアクションを振り返りながら「まだまだ次の目標に向けて課題はある。次はどこから改善していこうか」と継続的に取り組んでいきます。

生産性向上という山の頂上にはなかなかたどり着けません。一歩一歩しか進んでいけないのは本当にもどかしくあります。しかし、その一歩の積み重ねが着実に「高み」へといざなってくれることもまた事実です。その傍らに本書があれば、この上なく幸せです。

最後に、本書の執筆にあたって株式会社ベイシア、株式会社一の湯の皆様には、リーンオペレーションの実践例としての掲載に快諾いただきました。インタビューや現地での取材・撮影などにも多大なるご尽力をいただいたことを、この場を借りてお礼申し上げます。

アイデアや刺激を常に与えてくれる株式会社スタディストの仲間たち、そして多くの学びや気づきの機会をいただいているお客様や取引先の皆様にも、あらためて感謝申し上げます。

庄司 啓太郎

株式会社スタディスト 取締役副社長兼リーンソリューション事業部長。東京工業大学卒。国内シンクタンクにて、都市計画等の調査業務に従事。その後、製造業向けの業務改善コンサルティング会社にて、設計支援システム導入や製品開発プロセス改革、業務分析のプロジェクトリーダーを歴任。同社マネジャー職を経て、2010年3月に株式会社スタディストの創業に参画。営業部門、カスタマーサクセス部門の統括を経て、現職。顧客企業の「リーンオペレーション」実現に向け、コンサルティング・研修・アウトソーシング等のソリューションを展開。著書に『結果が出る仕事の「仕組み化」』(日経BP)。

結果が出る仕事のムダ取り

確実に生産性が上がる実践法リーンオペレーション

2023年9月11日　第1版第1刷発行

著者　庄司 啓太郎
発行者　森重 和春
発行　株式会社日経BP
発売　株式会社日経BP マーケティング
〒105-8308
東京都港区虎ノ門4-3-12
装丁　松川 直也（日経BPコンサルティング）
制作　日経BPコンサルティング
編集　大谷 晃司
印刷・製本　図書印刷

ISBN 978-4-296-20293-5　Printed in Japan